Der neue Musikus
1|2

Autoren
Klaus Patho
Annerose Schnabel u. a.

in Zusammenarbeit mit der Redaktion
Wilfried Behrendt
Carsten van den Berg
Beate Holweger

Seiten in Szene gesetzt von
Karl-Heinz Wieland
Bebildert von
Jacky Gleich
Elisabeth Holzhausen
Christine Kleicke

Der neue Musikus

1|2

Ein Musikbuch
für die Grundschule

Volk und Wissen Verlag

Inhalt

Seite

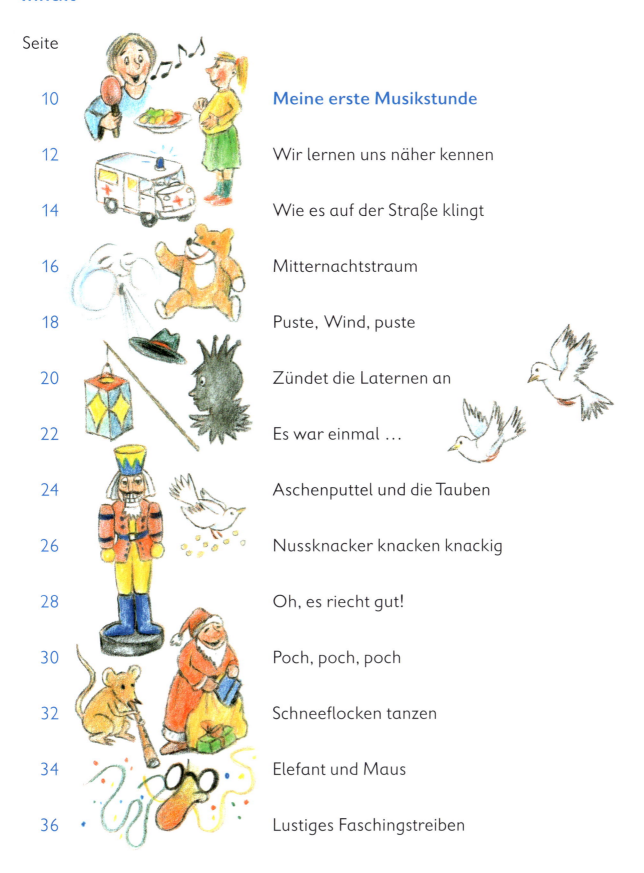

10 **Meine erste Musikstunde**

12 Wir lernen uns näher kennen

14 Wie es auf der Straße klingt

16 Mitternachtstraum

18 Puste, Wind, puste

20 Zündet die Laternen an

22 Es war einmal …

24 Aschenputtel und die Tauben

26 Nussknacker knacken knackig

28 Oh, es riecht gut!

30 Poch, poch, poch

32 Schneeflocken tanzen

34 Elefant und Maus

36 Lustiges Faschingstreiben

38	Auf jede Nacht folgt ein neuer Tag
40	Unsere Wochentage
42	Das erste Zwitschern
44	Frühlingsklänge
46	Ein Bilderbuch zum Hören: Babar, der kleine Elefant
48	Ein Fest in Afrika
50	Regenwetter
52	Treffpunkt Sommerwiese
54	**Ferien-Erinnerungen**
56	Guten Morgen, Europa!
58	Musik bei uns zu Hause
60	Auf dem Rummelplatz
62	Drachen im Wind
64	Nebel, Nebel
66	Sich streiten – sich vertragen

68 Knusper, knusper, knäuschen

70 Im Pfefferkuchenland

72 Weihnachten ist da

74 Die zwölf Monate

76 Schnee und Eis

78 Zi-Za-Zauberei!

80 Tierfasching

82 Der kleine Mozart und seine Reisen

84 Der Kuckuck ist wieder da

86 Bäume im Frühling

88 Ein Liedermacher bei der Arbeit

90 Die Türkei stellt sich musikalisch vor

92 Hilfe, die Räuber kommen

94 Die Nacht der Katzen

96 Endlich Sommer

98 Abschlussfest

100 Ferienfreude – Ferienspaß

102 **Liedanhang**

102 Tagein – tagaus

106 Auf der Straße unterwegs

108 Alles in Bewegung

114 Einfach tierisch

116 Märchenreise

120 Miteinander

124 Andere Länder – andere Sprachen

126 Jahreszeiten kunterbunt

132 Warten auf Weihnachten

136 **Musikwerkstatt**

136 Unsere Musikinstrumente

140 Meine Stimme

142	Wie wir zur Musik tanzen
146	Wie wir Musik hören und aufschreiben
150	Hörbeispiele
154	Liedverzeichnis
156	Copyright

Diese Zeichen bedeuten

- singen und Geräusche nachahmen
- musizieren mit Instrumenten
- hören
- bewegen und tanzen
- beobachten, betrachten
- denken, erfinden, sprechen
- szenisches Spiel
- malen
- basteln und bauen

Diese Zeichen sagen uns immer, wie wir mit dem Buch arbeiten.

Meine erste Musikstunde

Instrumentenlied ◎ 2

Klas-se eins, auf-ge-wacht! Heu-te wird Mu-sik ge-macht,

 Alle Kinder mit Schellenring gehen zur Musik und musizieren.

Kl. 1

Worte und Melodie: Sonja Hoffmann

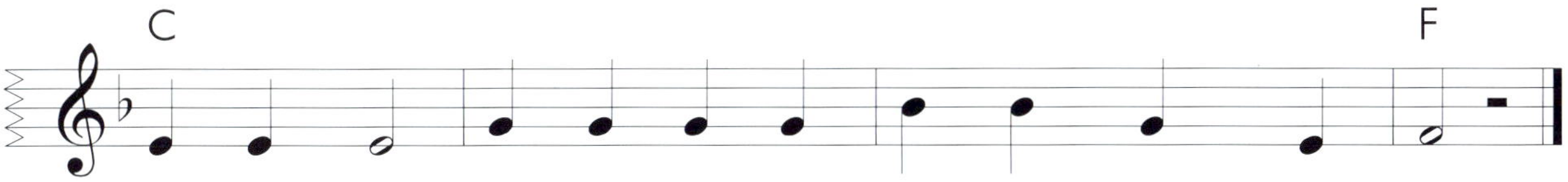

seid mal still, hört gut zu, den Glo-cken-kranz spielst du.

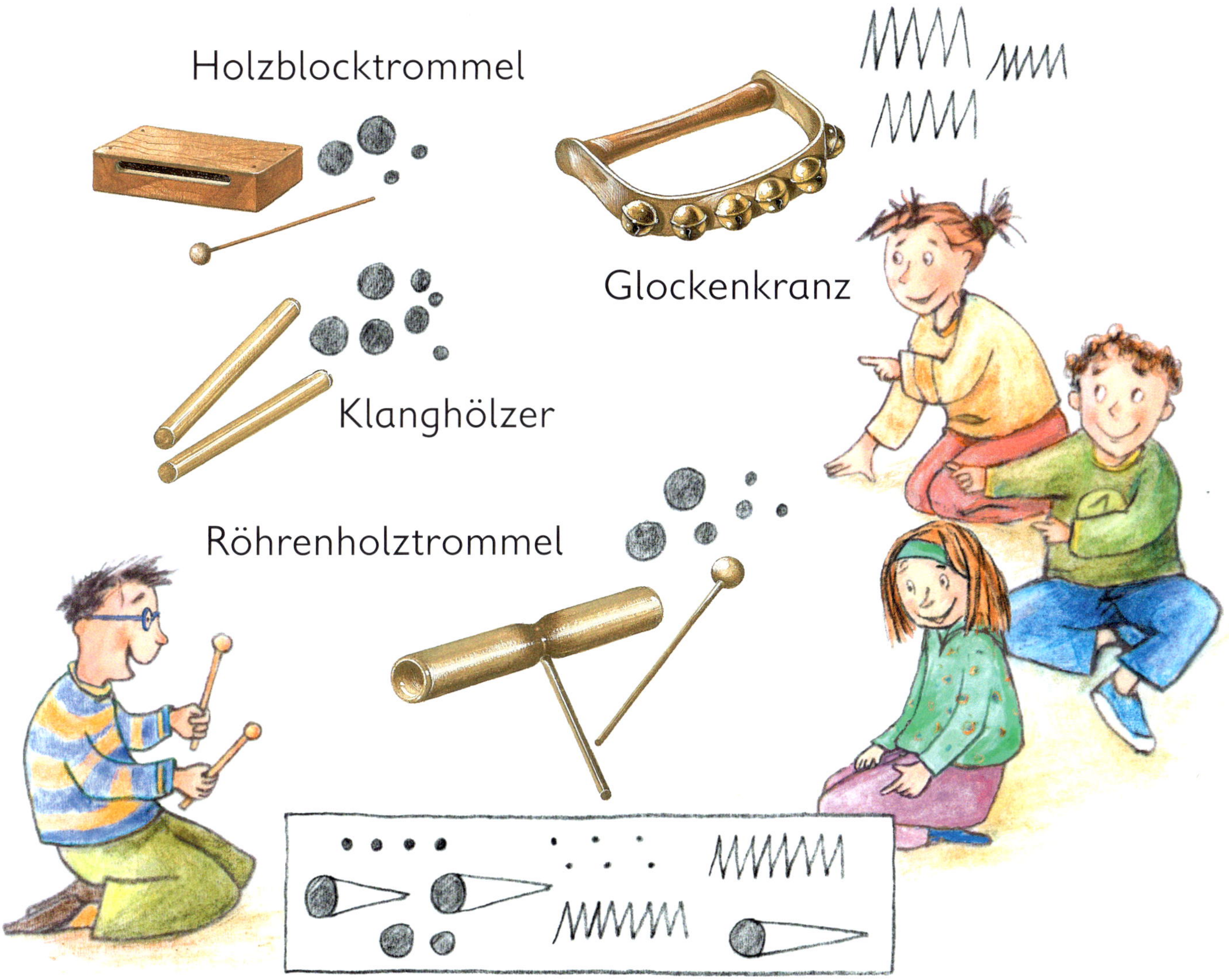

Welche Klangzeichen passen zu welchen Instrumenten?

Instrumentenlied singen · Instrumente nach ihrem Klang ordnen

Klangzeichen · Rahmentrommel · Kugelrassel · Schellenring · Holzblocktrommel · Triangel · Klanghölzer ‖ · Glockenkranz · Röhrenholztrommel

Wir lernen uns näher kennen

Hal - lo, wer **bist** du?
Sag mal, was **magst** du?

Ich bin der **O** - le,
fah - re ger - ne

Hal - lo, wer **bist** du?
Sag mal, was **isst** du gern?

Ich bin die **Le** - na,
es - se ger - ne

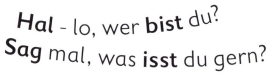

Hal - lo, wer **bist** du?
Sag mal, was **magst** du?

Ich bin der **Ti** - mo,
spie - le gerne

 Erzählt von euch.

Guten Morgen! ◎ 3

Worte und Melodie: volkstümlich

1. Hal-lo, gu-ten Mor-gen, wir grü-ßen uns so: Ich komm zu dir rü-ber, gu-ten Mor-gen, hal-lo.

2. Hallo, guten Morgen, wir nicken uns zu.

   Ich komm zu dir rüber, guten Morgen, hallo.

3. Hallo, guten Morgen, wir lächeln uns zu.

   …

4. … hören

5. … sehen

6. …

Sprech- und Singspiele · Bewegungslied

Frage – Antwort · betont – unbetont

Wie es auf der Straße klingt

◎ 4

👂 Welche Straßengeräusche hört ihr?
Bewegt euch mit dem Zeigefinger
auf den Straßen.

👄 Ahmt die Geräusche mit der Stimme nach.

 Hört zu und bewegt euch mit.

Klänge und Geräusche hören · Bewegungsspiel · Stimmspiel

laut – leise · hoch – tief

Mitternachtstraum

Uhr schlägt zwölf –
Mitternacht.
Spielzeug ist jetzt
aufgewacht.

Tuff, tuff, tuff, die Ei – sen – bahn,

wer will mit ins Traum-land fahrn?

Und aus dem Pup–pen–haus

kom–men al – le Pup–pen raus.

 Was macht eurer Spielzeug im Traum?

Mein Teddy will tanzen ◎ 6

Worte und Melodie: Rudolf Nykrin

Mein Ted-dy will tan-zen, tan-zen, tan-zen, Ted-dy will tan-zen
und das geht so: 1 – 2 – 3 rum – di-del-dum, rum – di-del-dum,
rum – di-del-dum, 1 – 2 – 3 rum – di-del-dum, da fällt er um. um.

Mein(e) … will tanzen, …

Uhr schlägt eins, Spuk ist aus.
Jetzt ist wieder Ruh im Haus.

Gestaltet den Mitternachtstraum als kleines Spiel.

*Sprechspiel · Traumgeschichte ·
Lied singen, tanzen und begleiten*

Becken · Hallklang (●) · kurz (■) – lang (■)

Puste, Wind, puste

Der Herbst ist da 🎵 7

Worte und Melodie: Hans R. Franzke
(vollständiges Lied siehe S. 128)

1. Der Herbst, der Herbst, der Herbst ist da!
   Er bringt uns Wind, hei hus-sas-sa!
   Schüttelt ab die Blätter,
   bringt uns Regenwetter.
   1.–4. Hei-a hus-sas-sa, der Herbst ist da!

2. Der Herbst, der Herbst, der Herbst ist da!
   Er bringt uns Spaß, hei hussassa!
   Rüttelt an den Zweigen,
   lässt den Drachen steigen.
   Heia hussassa, der Herbst ist da!

Bewegt euch zur Musik wie Bäume im Wind.

Herbstlied singen und begleiten · Windgeräusche stimmlich nachahmen · sich zur Musik bewegen

Bewegungsklang (〰) · lauter – leiser werden · wenig – viel · höher – tiefer werden

Zündet die Laternen an

Hell-Dunkel-Musik

Helle und dunkle Musik, wie geht das denn?

Kommt ein Licht so leise 🔊 9 a, b

Worte und Melodie: überliefert
(vollständiges Lied siehe S. 111)

1. Kommt ein Licht so leise, leise, leise,
leuchtet freundlich in die Welt.
Leuchtet still auf seine helle Weise,
bis es Herz um Herz erhellt.

Klangspiel und Tanzlied · im Kreis tanzen

hell – dunkel · Punktklänge (• •) ·
Kreisaufstellung · Päuklein

Es war einmal …

◉ 10 a – c

 Welches Hörbeispiel passt zu welchem Märchenbild?

◉ 11 a – c

 Wer singt und gestaltet die Märchenlieder?
Ordnet die Hörbeispiele den Abbildungen zu.

 Findet Aufnahmen anderer Märchenlieder und bringt sie mit.

Lied von den finnischen Heinzelmännchen ⊙ 12 a, b

Worte: überliefert
Melodie: Klaus Holthaus
(vollständiges Lied siehe S. 119)

1. Lich-ter lö-schen, al-le Leu-te schla-fen, Leu - te schla - fen.
Al-ter Mond-herr nur macht sei-ne Rei-se, sei - ne Rei - se.
1.–7. Tipp, tapp, tipp, tapp, tip-pe, tip-pe, tipp, tapp, tipp, tapp.

Heinzelmännchen

| gehen | tipp | tapp | tipp | tapp | tipp | tapp |
| laufen | tip–pe | tap–pe | tip–pe | tap–pe | tip–pe | tap–pe |

👟 Zum Refrain bewegen sich alle im Kreis:

| Tipp | tapp | tipp | tapp | tip–pe | tip–pe | tipp | tapp |
| tipp | | tipp | | tapp |

Märchenlieder hören und zuordnen ·
Sing- und Bewegungslied gestalten

Männer-, Kinder-, Frauenstimme ·
gehen ——— · laufen – – – · Pause (▭)

Aschenputtel und die Tauben

Täubchen in der Asche ⊚ 13

Aschenputtel 🔴 14

Worte: Gabriele Weiß · Melodie: Thomas Natschinski
(vollständiges Lied siehe S. 117)

1. Es gibt ein Mädchen wie keine schön, das möcht aufs Schloss gern zum Tanzen gehn. Doch hat es kein Kleid und fehl'n ihm die Schuh. Gurre, mein Täubchen, ruckediguh.

Huruguh! Huruguh!
Das ist die Richtige! Hört nur zu!
Gurre-gurre-gurr! Ruckediguh!
Täubchen, Täubchen ich hör euch zu!

👄 Gurrt wie die Tauben.

*Märchenlieder singen · Stimmspiele zum Lied ·
Musik hören und szenisch gestalten*

*Eugène d'Albert: „Täubchen in der Asche" aus der
„Aschenputtel-Suite"*

Nussknacker knacken knackig

Tanz der Nussknacker ⊚ 15

Ich weiß, an welcher Stelle ich mitspielen kann.

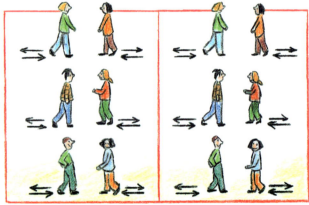

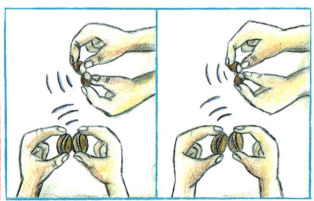

4 Schritte zurück
4 Schritte vorwärts

4 Schritte zurück
4 Schritte vorwärts

 Tanzt den Nussknackertanz.

 Alle bleiben stehen und klopfen mit.

Der Nussknacker

Worte: Josef Guggenmos · Melodie: Günther Riehl

Wer knackt die Nuss? Nicht der Fritz, nicht der Franz.
Wer kriegt sie ent-zwei? Der Nuss-kna-cker kann's!
Gut, dass wir ihn ha-ben, den höl-zer-nen Herrn.
Er zer-beißt die Scha-le und schenkt uns den Kern.

✏️ Bastelt euch Nussklappern und gestaltet damit ein Vor- oder Nachspiel.

Echospiel · Musik hören und mitspielen · Tanzspiel gestalten · Lied begleiten

gleiche und unterschiedliche Teile · Vor-, Nachspiel · Gassen-Aufstellung · Xylofon 🎵 x · Töne f und c · Siegfried Köhler: „Tanz der Nussknacker"

Oh, es riecht gut!

Weih-nachts - duft, Weih-nachts - zeit, wie es duf - tet
weit und breit.
Brat - äp - fel, Brat - äp - fel, oh, die sol - len
le - cker sein.

Der Bratapfel ◎ 16

1. Ihr Kin-der, kommt und ra-tet, was im O-fen bra-tet!
Hört, wie es knallt und zischt! Bald wird er auf-ge-tischt,
der Zip-fel, der Zap-fel, der Kip-fel, der Kap-fel, der
gelb-ro-te Ap-fel.

pfff! Phhh! Ooh! aah! krrr! Zisch!

Worte: Fritz Kögel · Melodie: Richard Rudolf Klein
(vollständiges Lied siehe S. 132)

Tanz der Zuckerfee ⊙ 17

🖐 Lasst euren Stift zur Musik
wie die Zuckerfee tanzen.

👂 Hört zu und wählt die passenden Kärtchen aus.

👟 Tanzt wie die Zuckerfee.
An einer Stelle klingt die Musik
besonders märchenhaft.
Bleibt hier wie verzaubert stehen.

Sprech- und Singspiel mit Instrumentalbegleitung ·
Lied mit Stimmspielen ·
zur Musik malen und tanzen · Musik beschreiben

Peter I. Tschaikowski: „Tanz der Zuckerfee"
aus dem Ballett „Der Nussknacker"

Poch, poch, poch

Poch, poch, hu – cke – pack,
was hast du in dei – nem Sack?

Scho – ko – la – de
Leb – ku – chen
Nüs – se
Mar – zi – pan

Ich hör ihn ⊚ 18 a, b

Aus England

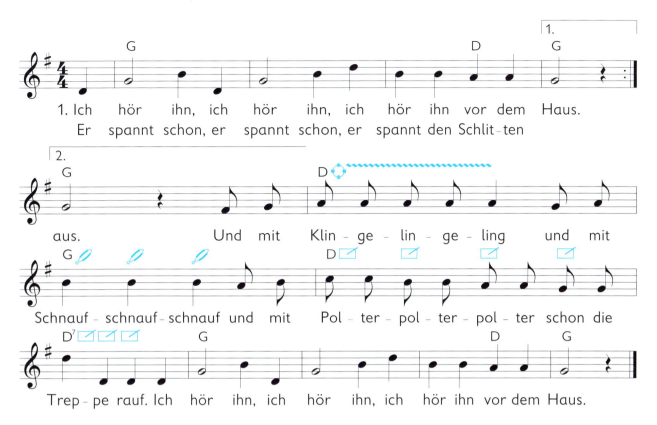

2. Ich seh ihn, ich seh ihn, ich seh ihn klar vor mir.
   Da steht er, da steht er, der Weihnachtsmann ist hier.
   Und mit Klingelingeling und mit Schnauf-schnauf-schnauf
   und mit Polter-polter-polter leert den Sack er aus.
   Ich seh ihn, ich seh ihn, der Weihnachtsmann ist hier.

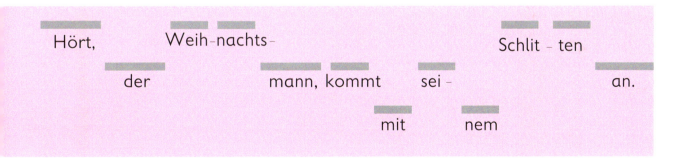

Gestaltet das Frage- und Antwortspiel auch mit Tönen.

Frage-Antwortspiele · Lied singen und begleiten · Vor- und Nachspiele mit drei Tönen auf dem Glockenspiel gestalten

Rhythmusbausteine: ——, ————, ———, ———.
Guiro · Glockenspiel G · Töne g, h, d

31

Schneeflocken tanzen

Schneeflocken können schweben oder wirbeln.
Gestaltet mit Klangplatten
eine Schneeflockenmusik.

Schnee fällt leis ⦿ 19

Worte: Heinrich Winterhoff · Melodie: Aus Ungarn

Schnee fällt leis, zart und weiß, mär-chen-haf-te Träu-me.
Fe-der-leicht weht der Frost Rau-reif auf die Bäu-me.

🎵 Verwendet die Schneeflockenmusik für ein Vor- und Nachspiel.

Die Schneeflockenhände tanzen ja wie die Töne im Musikstück.

Die Schneeflocken tanzen ⦿ 20

*Schneeflockenmusik erfinden ·
Vor- und Nachspiele zum Lied gestalten ·
Musik hören und die Hände dazu bewegen*

*Tonreihe d, f, g, a, c · Klangplatten ·
Claude Debussy: „Die Schneeflocken tanzen"*

Elefant und Maus

Ein Elefant wollt bummeln gehn 🔘 21 a, b

Aus den USA ·
Deutscher Text: Ulrich Kabitz

1. Ein Elefant wollt bummeln gehn, sich die weite Welt an-sehn.

2. Langsam setzt er Fuß vor Fuß, denn er ist kein Omnibus.

3. Bald ist er nicht mehr allein, alles trampelt hinterdrein.

4. Und schon singt das ganze Land dieses Lied vom Elefant.

🔘 22
Die Melodie im Musikstück „Der Elefant" spielt ein Kontrabass.

Ich wiege mich zur Musik.

Und ich drehe mich.

Jede Nacht um zweie ⊚ 23 a, b

Worte: Gustav Sichelschmidt
Melodie: Katharina Kemming

1. Je-de Nacht um zwei-e sind die Mäu-se wach,
tan-zen Rin-gel-rei-he o-ben un-term Dach.

2. Eines bläst sein Flötchen, schlägt den Takt ganz leis
und auf kleinen Pfötchen drehn sie sich im Kreis.

3. Tummeln sich und hüpfen, doch beim Morgenschein
rennen sie und schlüpfen schnell ins Loch hinein.

Elefant und Maus unterhalten sich:

gleichmäßig im Grundschlag der Musik gehen · Musik hören und sich dazu bewegen · Lied singen und begleiten · im Dialog musizieren

Grundschlag · schnell – langsam · Kontrabass · Blockflöte · Camille Saint-Saëns: „Der Elefant" aus „Karneval der Tiere"

Lustiges Faschingstreiben

Worte und Melodie: Klaus Patho

Refrain:

Fa‑schings‑zeit, schö‑ne Zeit, je‑der trägt ein Nar‑ren‑kleid.

Strophe:

Eine(r)

Ich geh als Mi‑cky‑maus

Alle

La‑ra geht als Mi‑cky‑maus

Eine(r)

Ich geh als Koch.

Alle

Ni‑co geht als Koch.

Eine(r)

Ich geh als … ? …

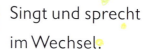 Singt und sprecht im Wechsel.

Maskenball 🎵 24

Worte: Rolf Krenzer · Melodie: Kristofer Oranien

Refrain: Mas-ken-ball, Mas-ken-ball, Mas-ken sieht man ü-ber-all. Mas-ken-ball, Mas-ken-ball ü-ber-all. *fine*
1. Die Do-ris, zart und klein, will ei-ne He-xe sein.

2. Ein Cowboy ist der Knut mit einem Cowboyhut.

3. Zur Kerstin alle schaun. Sie ist für heut ein Clown.

4. Ein Zauberer ist Klaus. Er sieht ganz seltsam aus.

5. …

Auch ich will in den Kreis. Was denkt ihr, wie ich heiß?

singen und rhythmisch sprechen · Tanzlied

Strophe – Refrain

Auf jede Nacht folgt ein neuer Tag

Das Leise und das Laute ◎ 25

Das Leise
Und weißt du, zu uns,
und weißt du, zu uns
kommt ins Haus
am Abend
etwas
sehr Leises.

Und, glaubst du es
oder glaubst du es nicht,
es öffnet die Tür,
löscht das Licht
und befiehlt mir
nicht mehr zu spielen,

sondern still
im Bett zu liegen.

Das also ist das Leise.

Worte und Melodie: Dorothée Kreusch-Jacob
(vollständiges Lied siehe S. 105)

Wenn's dunkel wird ◎ 26 a, b

1. Wenn's dun – kel wird drau – ßen, klopft der Nacht – fal – ter an.

Erfindet eine Nacht-Tag-Musik:

◎ 27 a, b
Hört, wie der Tag in der Musik von Richard Strauss beginnt.

Das Laute

Und weißt du, zu uns,
und weißt du, zu uns
kommt zu Besuch
am Morgen
etwas
sehr Lautes.

Es bricht herein
durchs Fenster,
es scheint,
es singt
und sagt mir:

Jetzt sing.
Und die Sonne taucht
hinter mir auf.

Das ist das Laute.

(Irina Piwowarowa)

Wachet auf

Worte: überliefert · Melodie: Hans Jacob Wachsmann

Wa-chet auf, wa-chet auf! Es kräh-te der Hahn, die Son-ne be-tritt ih-re gol-de-ne Bahn.

Gedicht hören und ausdrucksvoll sprechen ·
Nacht- und Taglied singen · Klangspiel gestalten ·
Musik hören und beschreiben

musikalische Gegensätze · Bassklangstäbe f, a, c ·
Richard Strauss: „Nacht" und „Sonnenaufgang"
aus „Eine Alpensinfonie"

Unsere Wochentage

Wochentage auf dem Markt ◉ 28

Worte: Gerhard Schöne · Melodie: Aus Italien
(vollständiges Lied siehe S. 104)

Montag die Rose, dazu ein dicker Schmatz, all das
Dienstag die … ? …
schenkt er Rosina, seinem Schatz, all das schenkt er
Rosina, seinem Schatz.

Kinder-Fernsehen

Sa 9. März

KIKA	8.00	Sesamstraße Lachen und lernen.
ZDF	8.05	Michel aus Lönneberga Lausbubenserie.
ARD	11.03	Tigerenten Club Wie wird man Komiker?

So 10. März

ZDF	8.05	Pippi Langstrumpf Pippi, Tom und Annika hauen ab.
ARD	11.30	Die Sendung mit der Maus Lach- und Sachgeschichten.
KIKA	15.30	Tabaluga tivi Drachenzeit. Modellbauer lassen Mini-Flieger kreisen.

◎ 29 a – d
Zu welchen Sendungen gehören diese Titelmelodien?

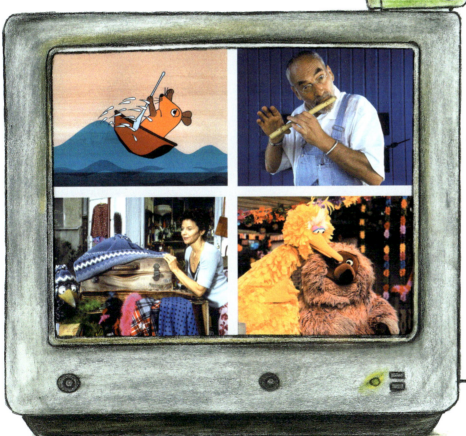

Auch im Radio gibt es tolle Kindersendungen.

Wie sieht deine Fernsehwoche aus?
Kreuze deine Lieblingssendungen in einer Programmzeitschrift an.

*Lied hören und mitsingen ·
Musik in Kindersendungen*

Kettenlied · Titelmelodie

Das erste Zwitschern

◎ 30   CD2 T.1

Diese Musik heißt „Vogelhaus". Hört ihr die Querflöte?

Bastelt Vogelfiguren und bewegt sie zur Musik.

CD2 - Titel 2,3

Hoch, hoch im Baum   ◎ 31 a, b

Deutscher Text: Margarete Jehn · Melodie: Aus Schweden

Hoch, hoch im Baum im tie-fen, tie-fen Tal, da singt und singt von früh bis spät ei-ne klei-ne Nach-ti-gall. Hej!

◎ 32

Ahmt den Gesang der Nachtigall mit einem Instrument nach.

◉ 33 a – d

 Vergleicht die Vogelstimmen. Welche dieser Vogelstimmen kennt ihr?

Probiert aus, mit welchen Instrumenten oder Klangerzeugern ihr Vogelstimmen nachahmen könnt.

Vogelstimmenkonzert

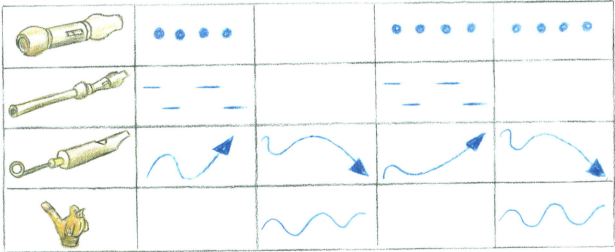

*Vogelstimmen hören und nachahmen ·
Lied mit Klangstäben begleiten ·
nach einer Klangpartitur musizieren ·
Bewegungsspiel zur Musik*

*Kuckucksruf (⁻_ ⁻_) und anderе Vogelrufe ·
Klanglinie (∼) · Lotosflöte ⟶ · Querflöte ·
Camille Saint-Saëns: „Vogelhaus" aus
„Karneval der Tiere"*

Frühlingsklänge

Lied am Teich ⊚ 34 a, b

Worte: Margarete Jehn · Melodie: Wolfgang Jehn

1. Die Fi - sche, die Fi - sche sind heu - te froh, sie we - deln durchs Was - ser und ma - chen so:
Blub - blub - blub, blub - blub - blub, blub - blub - blub - blub, blub - blub - blub, blub - blub - blub, blub - blub - blub - blub!

2. Die Frösche, die Frösche sind heute froh,
   sie sitzen am Ufer und machen so:
   Quakquakquak, …

3. Die schönen Libellen sind heute froh,
   sie steigen und schweben und machen so:
   Schwirrschwirrschwirr, …

4. Die Enten, die Enten sind heute froh,
   sie paddeln und tauchen und machen so:
   Schnattschnattschnatt, …

5. Am Teich in den Wiesen, da bin ich froh,
   am Teich in den Wiesen, da macht es so:
   Blubquakquak, schwirrschnattschnatt,
   blubquakquakquak, …

Der Frühling ⊙ 35

 Diese Melodie spielt eine Violine. Singt mit.

⊙ 36

 Zu welchen Abschnitten der Musik passen die Bilder?

Tierstimmen nachahmen ·
Musik hören und unterschiedliche Abschnitte erkennen

Violine ·
Antonio Vivaldi: „Der Frühling" aus „Die vier Jahreszeiten"

Ein Bilderbuch zum Hören: Babar, der kleine Elefant

◉ 37
Das Wiegenlied der Elefantenmutter

Zeichnet zur Musik Wiegebewegungen auf ein Blatt Papier.

◉ 38
Babar spielt mit den anderen Elefantenkindern

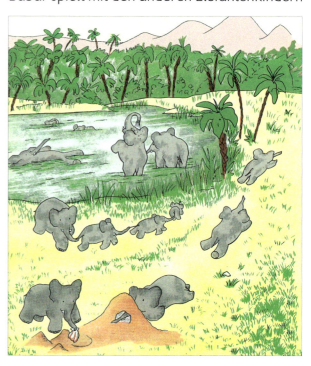

Spielt zur Musik mit Fingerpuppen.

◉ 39
Babar reitet auf dem Rücken seiner Mutter

Bewegt euch zur Musik.

◉ 40
Babar rennt in seiner Angst davon

Erzählt mit eigener Musik, wie Babar rennt.

◎ 41
Babar trifft eine alte Dame

Überlegt, was die alte Dame erzählt.
Wann spricht Babar? Spielt diese Begegnung.

◎ 42
Die Morgengymnastik

Macht die Gymnastik mit: eine Gruppe mit
der alten Dame, eine mit Babar.

◎ 43
Die Autofahrt

Wie oft erklingen die Hupen?

◎ 44
Babar verabschiedet sich von der alten Dame

Hört den Herzschlag der traurigen alten
Dame:

Musik und Bild · Musik hören ·
zur Musik malen · sich zur Musik bewegen ·
Musik selbst erfinden · szenisches Spiel zur Musik

Francis Poulenc/Jean de Brunhoff:
„Die Geschichte von Babar,
dem kleinen Elefanten"

Ein Fest in Afrika

Wenn man in Afrika feiert,
wird meistens auch getanzt und getrommelt.

◎ 45
 Bewegt euch zur Musik.

Die Djembe, eine Trommel aus Afrika ◎ 46

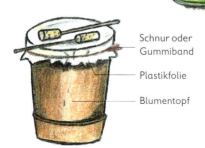

Schnur oder Gummiband
Plastikfolie
Blumentopf

Baut eine Blumentopftrommel.

Nanaye ⊙ 47

Aus dem Senegal
Worte: Mamadou Yoro Diop · Bearbeitung: Norbert Daum

Textübersetzung: *Mein Sohn, lerne, wenn du eine Zukunft willst!*

Trommelspiele

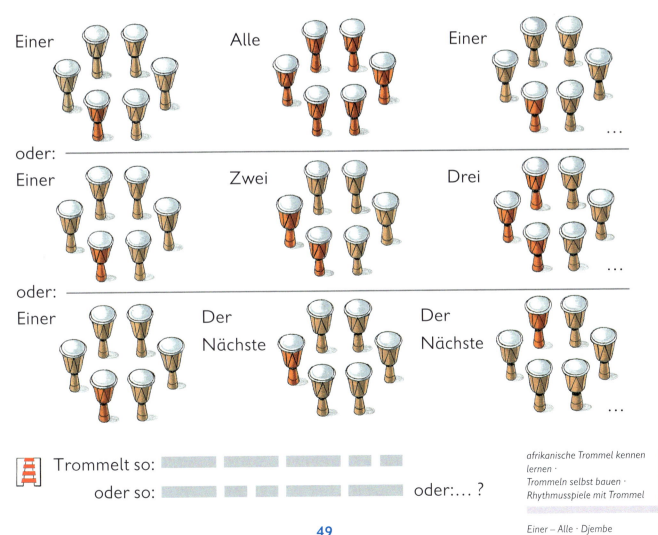

Trommelt so: ▬▬▬ ▬▬▬ ▬▬▬ ▬▬▬

oder so: ▬▬▬▬▬▬ ▬▬▬▬▬▬ oder: … ?

afrikanische Trommel kennen lernen ·
Trommeln selbst bauen ·
Rhythmusspiele mit Trommel

Einer – Alle · Djembe

Regenwetter

CD2
24, 25, 26, 27

◎ 48 a–d

Ist da etwa Regen im Stab?

 Ordnet den Bildern zu, was ihr hört.

Beschreibt, wie der Regen klingt.

Es regnet, es regnet ◉ 49

Worte: Karin Schwendler · Melodie: Aus Israel

Es regnet, es regnet,
es regnet immer mehr.
Der Wind, der weht,
der Wind, der weht,
die Wolken übers Meer.

Es blitzt
und es donnert,
es blitzt
und es donnert,

doch bald kannst du
den Regenbogen sehn.

Es blitzt
und es donnert,
es blitzt
und es donnert.

Die Sonne färbt
den Regenbogen schön.

unterschiedliche Regengeräusche hörend erfassen, mit Instrumenten nachahmen, grafisch aufzeichnen · „Regenmusik" nach grafischen Zeichen musizieren · Sprech- und Bewegungsspiel

Klangfeld · Regenstab

Treffpunkt Sommerwiese

Glühwürmchen-Musik ⊚ 50

52

Beim Sommerfest auf der Wiese ⊚ 51 a, b

Worte: Rolf Krenzer · Melodie: Detlev Jöcker

1. Beim Sommerfest auf der Wiese, da krabbeln die Käfer im Gras. Herauf und herunter, kopfüber, kopfunter und das macht den Käfern viel Spaß.

2. Beim Sommerfest auf der Wiese,
da summen die Bienen herum.
Herauf und herunter,
kopfüber, kopfunter
und das ist ein herrlich Gebrumm.

3. Beim Sommerfest auf der Wiese,
da spielen die Brummer den Bass.
Herauf und herunter,
kopfüber, kopfunter
und das macht dann allen viel Spaß.

4. Beim Sommerfest auf der Wiese,
da pfeifen die Vögel ein Lied.
Herauf und herunter,
kopfüber, kopfunter,
da pfeifen wir alle gleich mit.

5. Das Sommerfest auf der Wiese
ist spät erst, wenn's dunkel wird, aus.
Herauf und herunter,
kopfüber, kopfunter,
so gehen jetzt alle nach Haus.

Tschüss, Kinder, das Jahr mit euch hat Spaß gemacht!

Jetzt aber ab in die Ferien!

 Bewegt euch zum Lied.

Spiel- und Bewegungslied · Tanzgestaltung

B. Hering / M. Wester
„Glühwürmchen-Musik"

Ferien-Erinnerungen

Willkommen in der **2. Klasse**

Was habt ihr denn in euren Ferien erlebt?

Uuh, uuh ...

Sch, sch, sch ...

Gestaltet zu den Bildern Klangspiele.
◎ 52 a – c

Zu welchen Hörbeispielen passen die Bilder?

„Die Rhône" – ein Tanz aus Frankreich ⓞ 53

A-Teil

Ich war in Frankreich und habe einen Tanz gelernt.

4 Schritte vorwärts · 4 Schritte rückwärts

B-Teil

paarweise Seitgalopp

Klangspiele gestalten · Tanz aus Frankreich

*Cowbell · Klangstäbe · Teile A B ·
Zweihandfassung · Hüftstütz · Seitgalopp*

Guten Morgen, Europa!

Europa-Speisen-Rap ⊚ 54 a, b

Worte: Klaus Patho · Musik: Manfred Grote

Refr.: Europa, Europa, was fällt mir dazu ein?
Zum Beispiel leck're Speisen, o ja, die schmecken fein!

1. Beim Türken gibt es Döner mit Soße und Salat,
   beim Italiener Pizza mit Schinken und Spinat.

   Refr.: Europa, Europa, …

2. Beim Griechen gibt es Gyros, Orangensaft dazu.
   Und die Baguettes aus Frankreich verschlingen wir im Nu.

   Refr.: Europa, Europa, …

3. So wandert unsre Zunge vergnügt von Land zu Land
   und ist dabei schon immer aufs nächste Ma(h)l gespannt.

Rap sprechen und tanzen

Hip-Hop-Tanzbausteine

Musik bei uns zu Hause

◎ 55 a – g

Wer hört welche Musik in dieser Familie?

Erzähle von der Lieblingsmusik in deiner Familie.

◎ 56 a – c

Ordnet die Hörbeispiele den Bildern zu.

Unser Haus ist zwar klein 🔊 57

Worte und Melodie: Heike Margolis

Un-ser Haus ist zwar klein, doch es pas-sen vie-le rein: Va-ter,
Un-ser Haus ist zwar arm, doch drin ist es mol-lig warm: Va-ter,

Mut-ter, Sven und Lin-da und noch fünf-zehn Kat-zen-kin-der.
Mut-ter und die Kin-der tan-zen

Cha-cha-cha. Und der Da-ckel Gus-tav-son
und die En-te Schna-dri-on

und die Zie-ge Neck-meck-neck
und der Ra-be Krä-kä- ke-ke-ke-ke-keck.

da capo al fine

Und der Hamster Keinezeit.
Und die Springmaus Adelheid.
Und … ?

Auf dem Kazoo kann ich mit meiner Stimme sogar die Melodie spielen.

Musik hören und zuordnen · Lied singen und begleiten

Betonung im Zweiermetrum ·
Keyboard · Akkordeon · Schlagzeug · Zimbeln ⚡ · Kazoo

Auf dem Rummelplatz

○ 58
Was hört ihr?

Geräusche?
Musik?
Sprache?

schau – keln, schau – keln,

tral – la – la – la – la

Auf der grünen Wiese 🔴 59

Worte und Melodie: überliefert

Auf der grü-nen Wie-se steht ein Ka-rus-sell, es dreht sich ein-mal lang-sam, es dreht sich ein-mal schnell.

Einsteigen! **Festhalten!** **Es geht los!**

Erst schneller werden, dann langsamer.

Rums-di-del-dum, das Ka-rus-sell geht um und al-le Kin-der flie-gen im Kreis her-um.

 Ein Karussell wird immer schneller, dann wieder langsamer. Singt und spielt auch das Lied so.

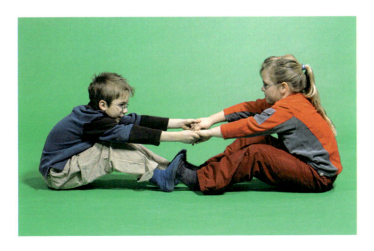
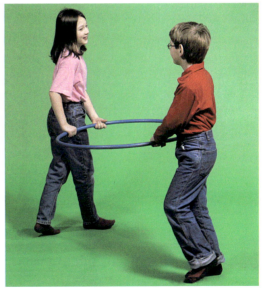

*Geräusche, Musik und Sprache unterscheiden ·
Schaukel- und Karussellbewegungen nachahmen*

*schneller und langsamer werden · Tonsprünge ·
Tonschritte*

Windklänge

Wenn der frische Herbstwind weht ◎ 60

Worte: Albert Sixtus · Melodie: Richard Rudolf Klein

1. Wenn der frische Herbstwind weht, geh ich durch die Felder, schicke meinen Drachen hoch über alle Wälder.

2. Und er wackelt mit dem Ohr, wackelt mit dem Schwänzchen.
   Und er tanzt den Wolken vor, hui, ein lustig Tänzchen.

 Bewegt euch zum Lied.

Blastechniken erproben · Lied mit Bewegungen gestalten · mit Tönen spielen

Tonschritte: aufwärts – abwärts

Nebel, Nebel

Nebel ruht über dem Land.

Nebelschwaden steigen auf und verschwinden.
Allmählich blinzelt die Sonne hervor.

Die Sonne vertreibt den Nebel.
Häuser und Türme tauchen auf.

Nebelmusik

Spielt diese Nebelmusik.
Macht ein Vor- und Nachspiel zum Lied daraus.

Nebel, Nebel 🎵 61

Worte: Rolf Krenzer · Melodie: Detlev Jöcker
(vollständiges Lied siehe S. 129)

1. Ne - bel, Ne - bel ist um mich her. Ich
se - he nur noch Ne - bel und sonst nichts mehr.
Ne - bel, Ne - bel und nichts zu sehn. Drum
muss ich durch den Ne - bel be - hut - sam gehn. Drum
muss ich durch den Ne - bel be - hut - sam gehn.

Ich trommle ganz leise mit den Fingern.

🎵 62
 Bewegt das Tuch zur Musik.

*Nebelmusik nach grafischer Notation musizieren ·
Vor-, Zwischen- und Nachspiele gestalten*

Klangtraube  (Cluster) · Gleitklang (Glissando) ·
Liegeklang ·
Vangelis: „Opening" aus dem Film
„1492 – Conquest of Paradise"

Sich streiten – sich vertragen

  Spielt und musiziert folgende Szene:
Zwischen zwei Kindern entsteht Streit.
Am Ende vertragen sie sich wieder.

◉ 63 a, b

  Welches Foto passt zu welcher Musik?
Begründet.

Klangexperimente

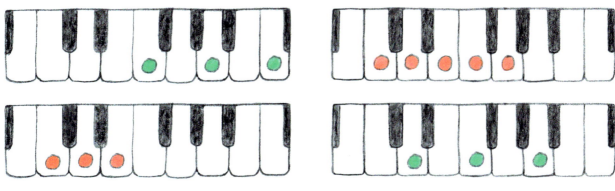

Spielt die markierten Tasten jeweils gleichzeitig.

Manche Zusammenklänge passen zum Streiten, manche zum Vertragen.

Worte: Josefine Bienath ·
Melodie: Manfred Bauer
(vollständiges Lied siehe S. 122)

Ute hat mit Anne Streit ⊚ 64

1. U-te hat mit An-ne Streit, Ot-to rauft im Nu.
Klaus, der är-gert Mi-cha-el, lässt ihm kei-ne Ruh.
Frag mich bit-te nicht wa-rum, Rau-fen, Strei-ten find ich dumm.

*Streitszene spielen und verklanglichen ·
Musik und ihre Wirkung beschreiben ·
Zusammenklänge spielen und hören*

*Tonwiederholungen · Zusammenklänge ·
langsam – schnell ·
Leonard Bernstein: „The rumble" und
„Finale" aus der „West Side Story"*

Knusper, knusper, knäuschen

Hänsel und Gretel
Märchenoper von Engelbert Humperdinck

„Hokus, pokus, Hexenschuss!"

„Hurr hopp, hopp, hopp."

Hänsel und Gretel 🔘 65

Worte und Melodie: Wolfgang Richter
(vollständiges Lied siehe S. 118)

1. War ei-ne He-xe, ein Weib-lein, krumm und alt, ...

Singt das Lied mit verteilten Rollen.
Probiert, wie die Stimme der Hexe klingen könnte.

Ist diese Oper ein gesungenes Märchen?

„Juchhei, nun ist die Hexe tot!"

◉ 66 a – c

Welche Musik gehört zu welchem Foto? Beschreibt die Musik.

Spielt die Szenen dazu.

Lied singen · Stimmklang verändern ·
Musik hören, zuordnen und szenisch gestalten

Oper ·
Engelbert Humperdinck: „Hänsel und Gretel"

Im Pfefferkuchenland

Der Lebkuchenmann ◉ 67

 Wovon erzählt der Lebkuchenmann?

 Lasst eure selbst gebastelten Lebkuchenmänner zur Musik tanzen.

Der Pfefferkuchenmann

Worte: Erika Engel

Er ist nicht mal aus Afrika
und doch so braun gebrannt.
Wo kommt er her? Ich dacht' mir's ja:
aus Pfefferkuchenland!
Hat Augen von Korinthen
und Mandeln drum und dran.
Wie schön ihn alle finden –
den Pfefferkuchenmann!

Er freut sich auf den Weihnachtsbaum,
da möcht' er drunter stehn.
Den Lichterglanz – er glaubt es kaum –,
den will er sich besehn
mit Augen von Korinthen
und Mandeln drum und dran.
Wie herrlich wird er's finden –
der Pfefferkuchenmann!

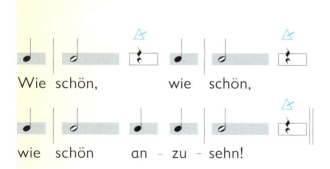

Drei aus dem Pfefferkuchenland ◎ 68

Worte und Melodie: Margarete Jehn
(vollständiges Lied siehe S. 132)

1. Wir sind die drei Män-ner aus Pfef-fer-ku-chen-land,

1. und 3. Strophe

2. und 4. Strophe

Wär' ich nur nicht solch' Leckerschnut'
und könnte widerstehn,
dann wär' ja alles schön und gut,
wär' alles gut und schön.
Wie wohl Korinthen schmecken?
Sind Mandeln ein Genuss?
Ich will ganz schnell mal lecken
am süßen Zuckerguss!

Und steht der Baum im Kerzenlicht
und ist es dann so weit –,
da fehlt doch wer, er sieht das nicht;
nun tut's mir selber Leid.
Vernascht sind die Korinthen,
die Mandeln drum und dran.
Er ist nicht mehr zu finden –
der Pfefferkuchenmann.

Musik hören und in Bewegung umsetzen · Lied singen und tanzen · Gedicht rhythmisch gestalten

Kreisfassung · Nachstellschritt · Ton- und Pausenlängen · David Wood: „Der Lebkuchenmann"

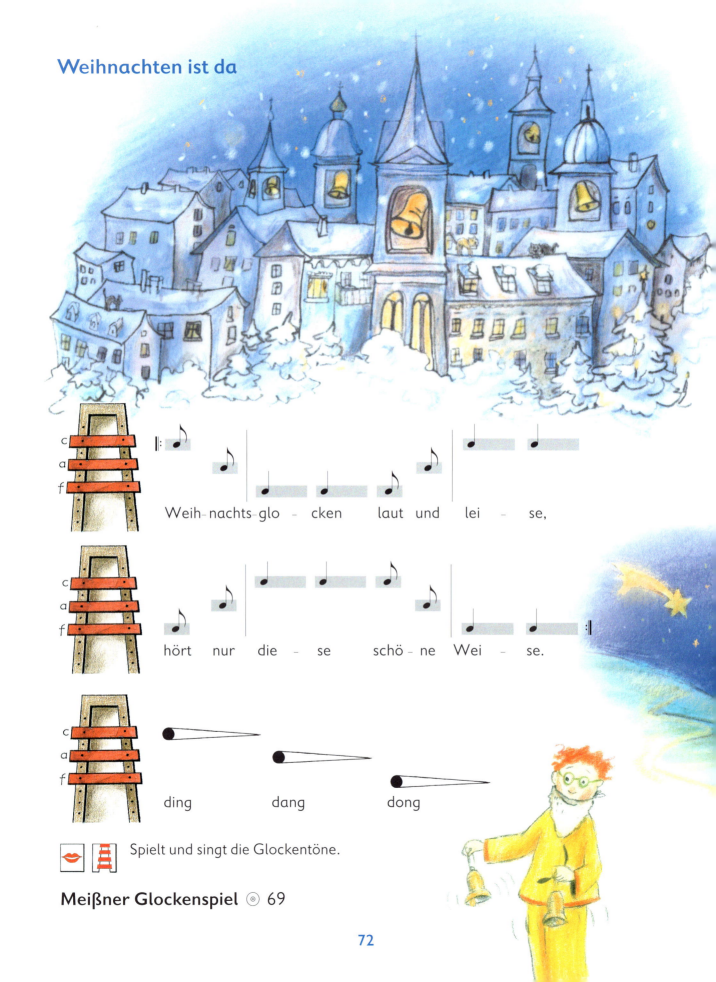

Zumba zumba, welch ein Singen ⊙ 70

Worte: Liselotte Holzmeister · Melodie: Aus Spanien

1.–3. Zum-ba zum-ba, welch ein Singen! Zum-ba zum-ba, Weihnachtszeit! Zum-ba zum-ba, welch ein Klin-gen! Wel-che Freu-de weit und breit!

1. Heut ist der Hei-land ge-bo-ren,
   Trös-ter und Ret-ter der Welt.
   Er hat zum Heil uns er-ko-ren,
   e-wig-er Treu-e uns hält.

2. Jeder will ihm etwas bringen, ich aber hab nicht viel Geld,
   ich kann dem Kindlein nur singen, hoffen, dass es ihm gefällt.

3. Dass sich das Kindlein erfreute, spielten die Hirten ihm vor.
   Singt nun mit mir, liebe Leute, singt mit den Hirten im Chor.

*Lied singen und begleiten ·
Glockentöne spielen und singen*

*Glockenspiel · Dreiklang f, a, c · Tonlänge ♩ ·
unbetonter und betonter Beginn ·
Rainer Lischka: „Meißner Glockenspiel"*

Die zwölf Monate

In der Neujahrsnacht wird Maruschka von ihrer bösen Stiefmutter in den tief verschneiten Wald geschickt. Sie soll Schneeglöckchen pflücken. Maruschka zittert vor Kälte. Aber da sieht sie ein warmes Feuer leuchten.

Zwölf Männer sitzen darum. Es sind die zwölf Monate. Sie bitten Maruschka ans Feuer. Ein jeder von ihnen stellt sich Maruschka vor.

Eine Musik für die vor Kälte zitternde Maruschka

◎ 71

Bewegt euch zur Musik wie die vor Kälte zitternde Maruschka.

Das Jahreszeiten-Lied ◎ 72 a, b

Worte und Melodie: Gerda Bächli
(vollständiges Lied siehe S. 131)

1. Win-ter ist's und tau-send Flo-cken tan-zen ü-ber Wald und Feld.

Spielt diese Märchenszene.
Alle Monate stellen sich mit Instrumenten vor:
„Ich bin der Januar, ich bringe Eis und Schnee",
dazu verschiedene Gläser anschlagen …

Märchen szenisch und klanglich gestalten ·
Musik in Bewegung umsetzen

Tröte · Donnerblech ·
Leopold Mozart: „Das vor Kälte zitternde
Frauenzimmer" aus „Die musikalische Schlittenfahrt"

Schnee und Eis

Über Nacht hat es geschneit ◉ 73

Worte und Melodie: Gunther Erdmann

1. Kann man heute Morgen denn seinen Augen traun?
Sahnehäubchen grüßen schon weiß vom Gartenzaun.
Über Nacht hat es geschneit. Holt die Stiefel, es ist so weit!

2. Winter hat die kleine Stadt
richtig eingemummt.
Leise klingt der Autobus,
vieles ist verstummt.
Über Nacht hat es geschneit.
Holt den Schlitten, es ist so weit!

3. Stolz ziehn wir die erste Spur
durch das weiße Feld
und ein Bussard schaut verdutzt
auf die Winterwelt.
Über Nacht hat es geschneit.
Holt die Bretter*, es ist so weit!

4. Auch die Eisbahn wird probiert,
sie ist frisch gespritzt.
Mancher merkt's erst, wenn er schon
auf dem Podex sitzt!
Über Nacht hat es geschneit.
Holt die Schlittschuh, es ist so weit!

* = Skier

Tanz auf dem Eis

◉ 74 a – d
Zeige die Bewegungen der Schlittschuhläufer auf dem Bild mit.

◉ 75
Bewege dich wie ein Schlittschuhläufer zur Musik.

Eiszapfen

laut

Wenn der Eis – zap – fen in der Son – ne hängt

halblaut

und der Eis – zap – fen an zu tau – en fängt

leise

und der Eis – zap – fen im – mer dün – ner wird,

ganz leise   *ganz laut*

fällt der Eis – zap – fen ab. Schwapp!

Eiszapfenmusik

Zusammenhänge zwischen Musik und Bewegung erkennen · unterschiedliche Lautstärken mit der Stimme gestalten · Klangcollage mit Materialien

laut – halblaut – leise – ganz leise – ganz laut · Emil Waldteufel: „Die Schlittschuhläufer"

Zi – Za – Zauberei!

Sim und sa und saladim, was ist in dem Hut wohl drin?

Auftrittsmusik für den Zauberer

Schwarzer Kater, Drachenschwanz, dieses Seil ist wieder ganz!

Hokus pokus fidibus, schaut, was hier verschwinden muss!

Regen, Sonne, Wirbelwind, Häslein, Häslein, schnell verschwind!

Sprecht die Zaubersprüche besonders geheimnisvoll. Ihr könnt sie auch singen.

Zaubermeister Zarobald ◉ 76

Worte und Melodie: Michael Widmer / Stefan Ölke

☉ = Gong (Tamtam) anschlagen und Zauberspruch sprechen

Lirum larum, schwarzes Schwein, ihr sollt alle Katzen sein!

 Ein zweiter Gongschlag hebt den Zauber auf. Danach beginnt das Lied von vorn.

Zaubersprüche rhythmisch sprechen und singen · Melodien erfinden · Spiellied gestalten

Dreiklang c, e, g · Fünftonreihe c, d, e, f, g · Gong

Tierfasching

 Stellt alle Tiere mit Bewegungen vor.

 Ihr könnt die Besonderheiten der Tiere auch musikalisch darstellen.

Karneval der Tiere ◎ 77 a–d

Beschreibt die Musik und ordnet sie zu.

Schildkröten   Königlicher Marsch des Löwen   Hühner und Hähne   Kängurus

 Denkt euch zu jeder Tiermusik einen Tanz aus.

Nein, ich tanze nicht 🔊 78

Text: Klaus Neuhaus · Melodie: Aus Weißrussland

1. Komm, du grau-e Maus, tanz mit mir rund um das Haus.
   Nein, ich tan-ze nicht, oh-ne Ka-ter tanz ich nicht.

2. Komm, du bunter Hund, tanz mit mir, das hält gesund.
   Nein, ich tanze nicht, kluge Hunde tanzen nicht.

3. Komm, du Schnattergans, tanz mit mir den Ententanz.
   Nein, ich tanze nicht, Ententanz, den mag ich nicht.

4. Komm, du Ziegenbock, heute tanzen wir mal Rock.
   Nein, ich tanze nicht, Rock 'n' Roll, den kann ich nicht.

5. Komm, du Grunzeschwein, tanz mit mir auf einem Bein.
   Nein, ich tanze nicht, diesen Tanz, den kenn ich nicht.

 Erfindet eigene Strophen.

Komm, du …

Nein, ich …

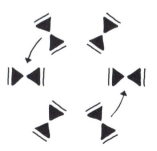

Stirnkreis paarweise

verschiedene Tiere mit Bewegungen und Instrumenten darstellen · Charakter von Musik erkennen · Tanzlied

*Stirnkreis paarweise · Radfassung ·
Camille Saint-Saëns: „Karneval der Tiere"*

Der kleine Mozart und seine Reisen

 Seht euch die Comicbilder an und hört dazu das Hörspiel über Mozart. Ihr hört auch ein Cembalo, den Großvater unseres heutigen Klaviers.

◉ 83 a, b

◉ 82 a, b

Komm, lieber Mai ◉ 84 a, b

Worte: Christian Adolf Overbeck · Melodie: Wolfgang Amadeus Mozart
(vollständiges Lied siehe S. 130)

1. Komm, lie - ber Mai, und ma - che die Bäu - me wie - der grün,

Wolfgang Amadeus Mozart

Wolfgang Amadeus lebte vor mehr als 200 Jahren. Er war schon als Kind berühmt.
Gern dachte er sich selbst Musikstücke aus.
Mit sechs Jahren unternahm er mit seinem Vater und seiner Schwester Nannerl
Konzertreisen durch Europa.
Sie lernten dabei fremde Städte und Länder kennen.

einen Komponisten kennen lernen

Komponist · Hörspiel · Cembalo · Klavier · Wolfgang Amadeus Mozart

Der Kuckuck ist wieder da

Der Kuckuck wird von der Klarinette gespielt. Wie oft hört ihr ihn?

◎ 85

 Hört ihr in der Musik den Kuckuck rufen?

 Geht zur Musik und bleibt stehen, wenn ihr den Kuckuck hört.

Konzert für drei Kuckucke und eine Nachtigall

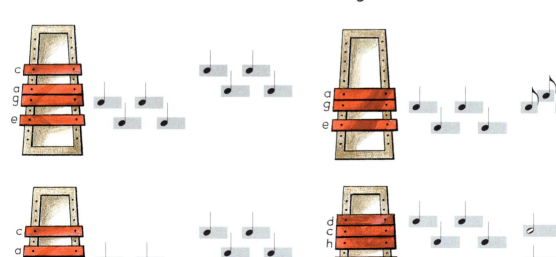

Bäume im Frühling

Im Frühling sind die Blätter der Bäume noch ganz hell und zart. Sie säuseln leicht im Wind und die Sonne spielt mit ihnen. Unter den Bäumen aber ist es dunkel und schattig.

Der Wald ⊚ 87

 Ein Maler und ein Komponist haben auf ihre Art Bäume dargestellt. Vergleicht.

 Der Beginn der Musik ist aufgezeichnet. Zeigt beim Hören mit dem Finger mit.

Die Bäume, die Bäume ⊚ 88

Worte: James Krüss · Melodie: Aus den Niederlanden

A
1. Die Bäu-me, die Bäu-me, sie wie-gen sich im Wind.

B
Sie wie-gen lei-se hin und her, die klei-nen Bäu-me ra-scheln sehr.

A
Die Bäu-me, die Bäu-me, sie wie-gen sich im Wind.

2. ‖: Die Bäume, die Bäume,
   sie beugen sich im Wind. :‖
   Sie beugen sich mit Kron' und Ast,
   sie beugen sich zum Grunde fast.

3. ‖: Die Bäume, die Bäume,
   sie säuseln unterm Wind. :‖
   Sie singen uns ein Wiegenlied,
   wenn hoch der Mond am Himmel zieht.

4. ‖: Die Bäume, die Bäume,
   sie strecken sich im Wind. :‖
   Sie schwanken, doch sie brechen nicht,
   sie strecken sich ins Sonnenlicht.

5. ‖: Die Bäume, die Bäume,
   sie träumen unterm Wind. :‖
   Sie träumen von der Frühlingszeit
   und haben schon den Saft bereit.

 Bewegt euch beim Singen wie die Bäume.

 Singt zum Teil B eine 2. Stimme: (4-mal)
1. wie - gen
2. beu - gen
3. …

Waldmusik

 Spielt eine eigene Waldmusik.

*Bild und Musik vergleichen · grafische Notation lesen ·
2. Stimme singen · Musik erfinden*

*tiefe, mittlere und hohe Klänge · Bassklangstäbe · 2. Stimme ·
Claude Monet: „In Monets Garten" · Jukka Linkola: „Der Wald"*

Ein Liedermacher bei der Arbeit

Der Kinderliedermacher Matthias Meyer-Göllner bei der Arbeit

Das Drachenei 🔘 89

Worte und Melodie: Matthias Meyer-Göllner
(vollständiges Lied siehe S. 114)

1.–6. Ein Ei, ein Ei, ein grünes Drachenei und innen drin das Drachenbaby wär' so gerne frei! ...

👄 Singt den Refrain mit und macht während der Strophen die passenden Geräusche.

Denkst du dir die Lieder selbst aus? Wie machst du das? Woher hast du die Ideen? Kennst du den Drachen?

Von der Idee zum Lied

die Entstehung eines Liedes kennen lernen

Liedermacher: Komponist – Sänger – Musiker · Tonstudio

Die Türkei stellt sich musikalisch vor

Komm zu uns (Gel bize, katıl bize) 🎵 90 a, b

Kinderreim aus der Türkei
Deutscher Text: Stephan Unterberger

1. Komm zu uns, ach komm doch her, spiel nur mit, das ist nicht schwer:
1. Gel bi - ze ka - tıl bi - ze, hem o - yu - na hem sö - ze.

Lie - der sin - gen wir, oy oy, tan - zen auch gleich, loy loy!
Şar - kı söy - le - yip oy oy, oy - na - ya - lım loy loy!

1.   Komm zu   uns, ach   komm doch   her,   ...Richtungs-
1.–3.   seit   —   ran   —   seit   —   kick   wechsel

In der Türkei gibt es eine besondere Flöte, die Kaval. Sie wird von den Hirten gespielt. Diese verbringen lange Zeit nur mit ihren Herden in der Natur. Durch das Spiel auf ihrem Musikinstrument vertreiben sie sich die Zeit.

◉ 91 a – b

 Vergleicht den Klang der Kaval mit dem der Blockflöte.

 Spielt das Vorspiel zum folgenden Lied auf der Blockflöte oder einem Stabspiel.

Der Hirte (Çoban) ◉ 92 a, b

Aus der Türkei
Deutscher Text: Stephan Unterberger

1. Hir - te, spiel! Trau - er klingt da - rein. Hat dich ver-las - sen, hat dich ver - las - sen die Her - de dein?
1. Ey ço - ban, ne - dir ke - de - rin? Sen - den ı - rak mı, sen - den ı - rak mı, sü - rü - le - rin?

2. Einsamkeit muss dein Schicksal sein. Hat dich verlassen ...
2. Yalnizlik buymuş kaderin. Senden ırak mı ... sürülerin?

3. Flötenspiel klingt noch lange fort.
   So zieht der Hirte,
   so zieht der Hirte von Ort zu Ort.
3. Derdini dök de ey çoban.
   Yine gezersin sürülerinle dertli çoban.

Flötenklänge vergleichen ·
türkische Musik kennen lernen

Fünftonreihe d, e, f, g, a · Tanzbaustein ·
Nachstellschritt · Schulterfassung ·
seit – ran · seit – kick · Stabspiel · Kaval

Hilfe, die Räuber kommen

Die Räuber ⏵ 93

Worte und Melodie: Inge Lotz, Rolf Krenzer

Die Räu-ber, die Räu-ber, die schlei-chen durch den Ort. Sie schlei-chen ganz lei-se und neh-men dir was fort. Pass auf! Pass auf! Sie schlei-chen ganz heim-lich durch das Land. Und wenn dir wer was steh-len will, dann schlag ihm auf die Hand.

Ein Spiel zum Lied: Die Räuber wollen stehlen. Wer sie mit geschlossenen Augen dabei erwischt und ihnen auf die Hand schlägt, behält seinen Gegenstand.

Räuber: „Was willst du zu - rück?" Kind: „Mein Le - se - buch!"

Frage: Grundton   Antwort: Grundton

  Wer die Namen seiner gestohlenen Sachen mit den Tönen d, f und a singen oder spielen kann, erhält sie von den Räubern zurück.

Räubertanz ◉ 94

 Bildet mehrere Räuberbanden. Jede Bande denkt sich ihren eigenen Räubertanz zur Musik aus. Verwendet auch die Bewegungen auf den Bildern.

*Spiellied gestalten ·
mit Melodiebausteinen spielen · Tanz erfinden*

*Grundton · Dreiklang d, f, a · Frage und Antwort ·
Björn Ilsfeld: Filmmusik zu „Ronja Räubertochter"*

Die Nacht der Katzen

Katzen schleichen, springen, kratzen, schmusen, kuscheln, putzen sich ...

◉ 95

Peter I. Tschaikowski hat eine Musik über zwei Katzen komponiert.

 Was erzählt uns die Musik über die beiden?

 Stellt zur Musik dar, wie sich zwei Katzen begegnen.
Steht still, wenn ihr Pausen hört.

Nächtliches Katzengespräch

Katzen miauen, betteln, schnurren, fauchen ...

Auf dem Dache saß der Kater ⊚ 96 a, b

Worte und Melodie: Margarete Jehn

2. Plötzlich hörte er ein Rufen,
   Lachen, Lärmen, frohe Kunde:
   „Lieber Kater, du bist Vater!
   Vierzehn sind es, und gesunde!"

3. „Ach, ich Armer", rief er leise,
   „ach, wie wird ums Herz mir schwer!",
   fiel vom Dach, sah lauter Kreise,
   und dann sah er gar nichts mehr!

4. Ach, sie mussten ihn begraben –,
   manche Träne sah man rollen,
   als der Zug ging durch den Hafen,
   wo er Fische oft gestohlen.

5. Vom Geruch der frischen Fische
   wurd' der Kater plötzlich wach –,
   morgen singt und schnurrt er wieder
   und sitzt wieder auf dem Dach!

Die Melodie der 4. Strophe klingt anders als die Melodie der übrigen Strophen.
Sie erklingt in Moll und nicht in Dur.

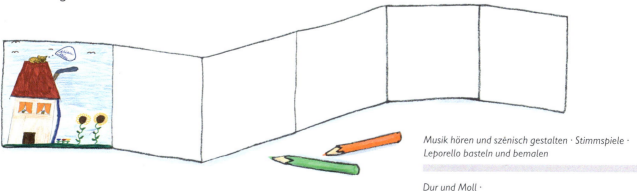

*Musik hören und szenisch gestalten · Stimmspiele ·
Leporello basteln und bemalen*

*Dur und Moll ·
Peter I. Tschaikowski: „Gestiefelter Kater und
weiße Katze" aus dem Ballett „Dornröschen"*

Endlich Sommer

Hitze liegt über dem Land.
Sonnenstrahlen brennen auf die Erde nieder.
Manche Menschen genießen
die Wärme, andere stööööhnen
über die Hitze.
„Köstlich, ein erfrischendes
Getränk!"
Endlich Erleichterung –
abendliche Kühle!

Kinder, ist das eine Hitze! ⊚ 97

Worte: Christel Süßmann · Melodie: Ingeborg Becker

1. Kin-der, ist das ei-ne Hit-ze! Kin-der, ist das heu-te heiß!
Nur zwei Sa-chen gibt's, die nüt-zen: ba-den ge-hen o-der Eis.

2. Darum nur nicht lang' gefackelt, schnell die Badehose her!
   Ist auch unser kleines Schwimmbad leider nicht das große Meer.

3. Morgen gehn wir wieder baden und der Winter ist so weit!
   Sonnenschein und Wasserplantschen! Herrlich ist die Sommerzeit!

Bitte ein Eis 98 a, b

Deutscher Text: Klaus Patho

Sprechen:

Mitsingen:

Ice cream, you scream, everybody wants ice cream
Rock, oh rock, my baby, roll!

Sprechen:

Mitsingen:

Ice cream, you scream, …

Sprechen:

Mitsingen:

Ice cream, you scream, …

 Zur Begleitung:

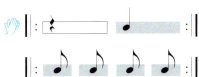

*Text verklanglichen ·
Rhythmen und Lied im Wechsel gestalten*

*Klangfläche · gleiche und
unterschiedliche Teile · Bassklangstäbe c, f, g ·
Röhrenglockenspiel, Chicken Shake ○ ·
Johnson/Moll/King: „Ice cream"*

Abschlussfest

Unsere Schuljahres-Abschluss-Band

Mitspielsatz zur Musik von Scott Joplin: „The Entertainer" ◎ 99

Vorspiel

Teil A (4-mal)

Teil B (4-mal)

Teil C (2-mal)

Zwischenspiel

Teil A (4-mal)

◎ 100

Wann hört ihr den Solisten, wann den Chor?

Lasst eure Sockenpuppen dazu auftreten.

Das ist ja eine Mini-Playback-Show!

Worte: Ortfried Pörsel
Melodie: Heinz Lemmermann

Abschiedslied

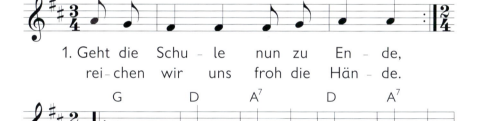

1. Geht die Schu - le nun zu En - de,
   rei - chen wir uns froh die Hän - de.

1.–3. Du und ich, ich und du, win - ken

uns zum Ab - schied zu. Ab - schied zu.

2. Haben eine lange Pause,
sagen „Tschüss!"
und gehn nach Hause.

3. Und bald sehen wir uns wieder,
singen viele neue Lieder.

*zur Musik mitspielen ·
Sockenpuppen zur Musik bewegen ·
Lied gestalten*

*Vorspiel – Zwischenspiel · Körperinstrumente ·
Solist – Chor ·
Scott Joplin: „The Entertainer"*

Ferienfreude – Ferienspaß

Ferien, Ferien 🔘 101 *Worte und Melodie: Wolfgang Spode*

1. Frei bin ich und so vergnügt, weil es Sommerferien gibt.
1.–3. Ferien, Ferien, nichts zu tun! Ferien, um mal auszuruhn!

Ich mag Sommer, Sonne, Sand, ein Sonnenbad am Strand.
Lang hab ich mich drauf gefreut: Ferien gibt es heut!

2. Reisen um die halbe Welt,
einfach tun, was mir gefällt.
Wandern, baden, Spiel und Spaß
und faulenzen im Gras.

3. Einer schwitzt im Wüstensand,
andre fahrn nach Ameland.
Einfach mal was andres sehn –
wer kann das nicht verstehn?

So langsam wie Schnecken oder so flink wie Ameisen?

Luladilula (Sitztanz) *Worte und Melodie: überliefert*

Lu – la – di – lu – la – di – lu – la – di – lu.

Lu – la – di – lu – la – di – lu – la – di – lu.

Lu – la – di – lu – la – di – lu – la – di – lu.

Lu – la – di – lu – la – di – lu – la – lu.

Drei Schweine

Aus Schottland · Deutscher Text: Jens Peter Müller

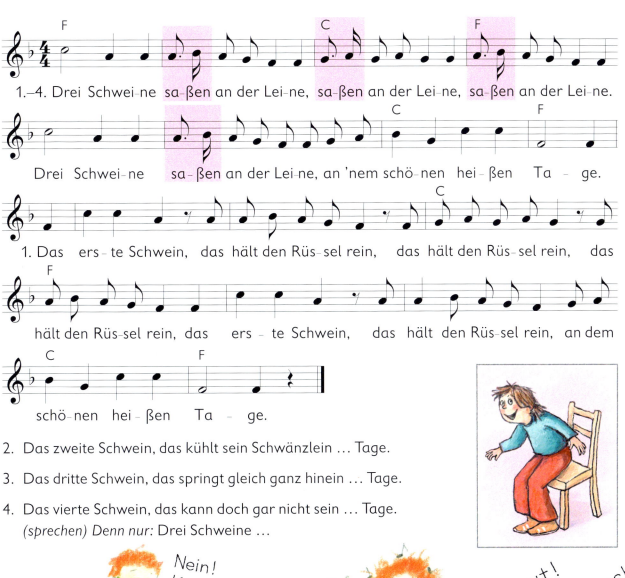

1.–4. Drei Schwei-ne sa-ßen an der Lei-ne, sa-ßen an der Lei-ne, sa-ßen an der Lei-ne.
Drei Schwei-ne sa-ßen an der Lei-ne, an 'nem schö-nen hei-ßen Ta-ge.

1. Das ers-te Schwein, das hält den Rüs-sel rein, das hält den Rüs-sel rein, das hält den Rüs-sel rein, das ers-te Schwein, das hält den Rüs-sel rein, an dem schö-nen hei-ßen Ta-ge.

2. Das zweite Schwein, das kühlt sein Schwänzlein … Tage.

3. Das dritte Schwein, das springt gleich ganz hinein … Tage.

4. Das vierte Schwein, das kann doch gar nicht sein … Tage.
   (sprechen) Denn nur: Drei Schweine …

Nein! Keine dressierten Schweine – die Leine ist ein Fluss!

Macht's gut! Wir wünschen euch erholsame Ferien!

Lieder singen, gestalten und Spaß haben

Sitztanz

Liedanhang

Tagein – tagaus

Hallo und guten Morgen! 🔘 102

Worte und Melodie: „Ferri" G. Feils

1.–5. Hallo und guten Morgen, so beginnt bei uns der Tag, ich mach euch das mal vor, und wer will, macht's nach: 1. Tür auf, Tür zu, stampf den Matsch von deinem Schuh! Tür auf, Tür zu, stampf den Matsch von deinem Schuh!

(Strophen rhythmisch sprechen)

2. Tür auf, Tür zu, stampf den Matsch von deinem Schuh! *(2x)*
   Dann die bunte Jacke aus, oh, nun siehst du lustig aus. *(2x)*

3. Tür auf, Tür zu, stampf den Matsch von deinem Schuh! *(2x)*
   Dann die bunte Jacke aus, oh, nun siehst du lustig aus. *(2x)*
   Und dann nochmal ganz laut gähnen, wer hat Haare auf den Zähnen? *(2x)*

4. Tür auf, Tür zu, stampf den Matsch von deinem Schuh! *(2x)*
   Dann die bunte Jacke aus, oh, nun siehst du lustig aus. *(2x)*
   Und dann nochmal ganz laut gähnen, wer hat Haare auf den Zähnen? *(2x)*
   Ohren wackeln, hoch das Bein, Frühgymnastik, das muss sein. *(2x)*

5. Tür auf, Tür zu, stampf den Matsch von deinem Schuh! *(2x)*
   Dann die bunte Jacke aus, oh, nun siehst du lustig aus. *(2x)*
   Und dann nochmal ganz laut gähnen, wer hat Haare auf den Zähnen? *(2x)*
   Ohren wackeln, hoch das Bein, Frühgymnastik, das muss sein. *(2x)*
   Sind jetzt wirklich alle wach? Dann „Guten Morgen, schönen Tag!" *(2x)*

Ihr könnt den Text des Liedes auch wild durcheinander mischen, zum Beispiel:

Ohr auf, Haar zu, stampf die Jacke aus dem Schuh …

Wenn ein schöner Tag beginnt

Worte und Melodie: Volker Rosin

1. Wenn ein schöner Tag beginnt, hört man, wie es singt und klingt. Und manchmal sieht man Hasen auf Posaunen blasen: Tä-te-rä-tä, tä-te-rä-tä, tä-te-rä-tä. Tä-te-rä-tä, tä-te-rä-tä, tä-te-rä-tä. Tä-te-rä-tä.

2. Wenn ein … klingt.
   Und oben auf den Zweigen
   spiel'n die Vögel Geigen:
   Videldidei …

3. Wenn ein … klingt.
   Am Tümpel hört man Kröten
   auf den Flöten flöten:
   Flötötötö …

4. Wenn ein … klingt.
   Die dunklen Töne wie ein Bass
   spielt der Maulwurf unterm Gras:
   Dudududum …

Denkt euch weitere Strophen zum Lied aus, zum Beispiel:

Wenn ein … klingt.
Ein nettes kleines Murmeltier
spielt ganz schön auf dem Klavier:
Klimperdiklim …

Wochentage auf dem Markt 🔵 28

Aus Italien · Deutscher Text: Gerhard Schöne
(siehe auch S. 40)

2. Dienstag kauft er eine große,
   warme, woll'ne Unterhose.
   Montag die Rose, Dienstag die Hose,
   dazu ein dicker Schmatz,
   all das schenkt er Rosina, seinem Schatz.

3. Mittwoch kauft er ein paar feine,
   wasserblaue Glitzersteine.
   Montag die Rose, Dienstag die Hose,
   Mittwoch die Steine, dazu ein dicker Schmatz,
   all das schenkt er Rosina, seinem Schatz.

4. Donnerstag dann kauft er eine
   lange, feste Wäscheleine.
   Montag die Rose, Dienstag die Hose,
   Mittwoch die Steine, Donnerstag die Leine,
   dazu ein dicker Schmatz,
   all das schenkt er Rosina, seinem Schatz.

5. Freitag kauft er für 'nen Dreier
   sieben frische Hühnereier.
   Montag die Rose, Dienstag die Hose,
   Mittwoch die Steine, Donnerstag die Leine,
   Freitag die Eier, dazu ein dicker Schmatz,
   all das schenkt er Rosina, seinem Schatz.

6. Samstag, für die Hochzeitsfeier,
   kauft er einen weißen Schleier.
   Montag die Rose, Dienstag die Hose,
   Mittwoch die Steine, Donnerstag die Leine,
   Freitag die Eier, Samstag den Schleier,
   dazu ein dicker Schmatz,
   all das schenkt er Rosina, seinem Schatz.

7. Sonntag dann beim Schein der Kerze
   schenkt er ihr zuletzt sein Herze.
   Montag die Rose, Dienstag die Hose,
   Mittwoch die Steine, Donnerstag die Leine,
   Freitag die Eier, Samstag den Schleier,
   Sonntag sein Herze, dazu ein dicker Schmatz,
   all das schenkt er Rosina, seinem Schatz.

Wenn's dunkel wird 26 a, b

Worte und Melodie: Dorothée Kreusch-Jacob
(siehe auch S. 38)

1. Wenn's dun-kel wird drau-ßen, klopft der Nacht-fal-ter an.

1.–8. Horch, horch, klopft der Nachtfal-ter an. Nachtfal-ter an.

2. … raschelt's hinter dem Busch.
3. … pfeift der Wind um das Haus.
4. … schnauft der Igel durchs Gras.
5. … bellt ein Hund irgendwo.
6. … schleicht die Katz übers Dach.
7. … rauscht der Birnbaum im Schlaf.
8. … fliegt ein Lied durch die Nacht.

Denkt euch weitere Strophen aus.

Wisst ihr, wie die Elefanten

Worte: Eva Bartoscheck-Rechlin · Melodie: Heinz Lemmermann

1. Wisst ihr, wie die E-le-fan-ten a-bends gehn zur Ruh? Kaum kommt der Mond mit sei-nem Schein, zieht je-der sei-nen Rüs-sel ein 1.–4. und macht die Au-gen zu und macht die Au-gen zu.

2. Wisst ihr, wie die kleinen Vögel abends gehn zur Ruh?
   Wenn schon der Mond ins Nestchen sieht, piepst jeder noch ein Abendlied und …

3. Wisst ihr, wie die Weinbergschnecken abends gehn zur Ruh?
   Kaum blickt der erste Stern heraus, kriecht jede in ihr Schneckenhaus und …

4. Wisst ihr, wie die Menschenkinder abends gehn zur Ruh?
   Kaum schaut der Mond durchs Fensterlein, plumpst jedes in sein Bett hinein und …

Auf der Straße unterwegs

Der Verkehr hat drei Gesichter

Worte: Erika Engel · Melodie: Manfred Roost

1. Der Verkehr hat drei Gesichter: rote, gelbe, grüne Lichter, denn wenn nicht die Ampel wär, ginge alles kreuz und quer.

2. Unter ihr ein reges Brausen,
   Autos fahren, Kräder sausen.
   Kleine Ampel, sag mir an,
   wann ich überqueren kann.

3. Rotes Licht, da heißt es warten.
   Gelbes Licht, da heißt es starten.
   Grünes Licht, nun geh geschwind!
   Bitte, merk es dir, mein Kind!

4. Immer muss die Ampel wachen,
   dass es alle richtig machen.
   Niemals hat die Ampel Ruh,
   auch nicht abends, so wie du.

Hol dein Fahrrad aus dem Keller

Worte und Melodie: Margrit Küntzel-Hansen

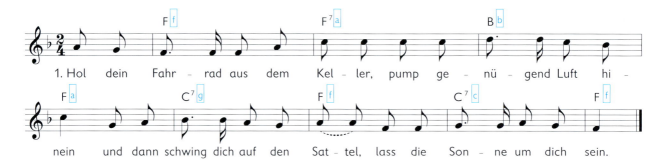

1. Hol dein Fahrrad aus dem Keller, pump genügend Luft hinein und dann schwing dich auf den Sattel, lass die Sonne um dich sein.

2. Für dein Fahrrad ist beim Parken immer eine Lücke frei.
   Auf dem Radweg radelst du an dem Auto schnell vorbei.

3. Kein Benzingeruch begleitet deine Fahrt ins freie Feld.
   Kein Gequietsche und Geknatter stört die Ruhe deiner Welt.

Zebrastreifen 🔘 103

Worte und Melodie: Rolf Zuckowski

1. u. 2. Zebrastreifen, Zebrastreifen, mancher wird dich nie begreifen,
Zebrastreifen, Zebrastreifen, alle, die dich nicht begreifen,
Zebrastreifen, Zebrastreifen, doch ich weiß Bescheid.
Zebrastreifen, Zebrastreifen, die tun mir nur Leid.

1. Fast überall ist viel Verkehr, die Autos fahren hin und her, und oft steh ich am Fahrbahnrand und denk: „Das ist doch allerhand! Wie komm ich hier nur rüber jetzt? Das ist ja heute wie verhext!" Doch dann seh ich zur rechten Zeit den Zebrastreifen gar nicht weit.

Nach der 2. Strophe da capo al fine

2. Ich stell mich an das blaue Schild,
damit man sieht, was ich hier will.
Ich hebe deutlich meine Hand
und seh genau die Autos an.
Und bremst ein Wagen, dann schau ich
dem Autofahrer ins Gesicht.
Und bleibt er stehn, dann guck ich bloß,
ob alle halten, dann geht's los.

Alles in Bewegung

Ich brauche kein Orchester

Worte und Melodie: überliefert

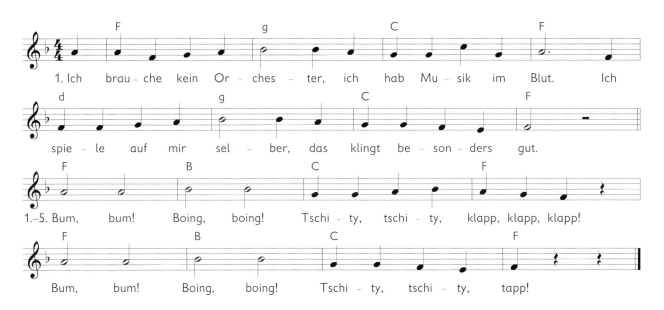

1. Ich brauche kein Orchester, ich hab Musik im Blut. Ich spiele auf mir selber, das klingt besonders gut.

1.–5. Bum, bum! Boing, boing! Tschi-ty, tschi-ty, klapp, klapp, klapp! Bum, bum! Boing, boing! Tschi-ty, tschi-ty, tapp!

2. Ich brauche kein Orchester, ich hab Musik im Blut.
   Ich schnippe mit den Fingern, das klingt besonders gut.

3. Ich brauche kein Orchester, ich hab Musik im Blut.
   Ich klatsche in die Hände, das klingt besonders gut.

4. Ich brauche kein Orchester, ich hab Musik im Blut.
   Ich patsche auf die Knie, das klingt besonders gut.

5. Ich brauche kein Orchester, ich hab Musik im Blut.
   Ich stampfe mit den Füßen, das klingt besonders gut.

Denkt euch selbst weitere Strophen aus.

Ich ging wohl über Meer und Land

Aus Dänemark · Deutscher Text: Margarete Jehn

Und wie klingt es im Klatscheland,
                Hüpfeland,
                Schnippeland,
                Klopfeland …?

Geht zum Lied im Kreis. Bleibt bei „…land" und „… kann" stehen und macht die entsprechenden Bewegungen.

Halloween-Blues ⊚ 104

Worte und Melodie: Wilfried Behrendt

1. Abends gehn sie durch die Gassen, schneiden schreckliche Grimassen, bleiben stehn vor jedem Haus, treiben böse Geister aus. 1.–3. Das ist der Halloween-Blues, Halloween-Blues, Halloween-Blues, u-ah! Das ist der Halloween-Blues, Halloween-Blues, Halloween-Blues, u-ah! Das ist der ah!

2. Kürbismasken, Kürbisköpfe,
   fürchterliche Spukgeschöpfe
   ziehn umher mit viel Krawall.
   Angst und Schrecken überall!

3. Doch, wenn man sie tüchtig füttert,
   seine Türen nicht vergittert,
   gehn sie fort mit vollem Bauch
   und die bösen Geister auch.

Bewegt euch zum Lied mit Tanzschritten (siehe S. 145).

Kommt ein Licht so leise ⊚ 9 a, b

Worte und Melodie: überliefert
(siehe auch S. 20)

1. Kommt ein Licht so leise, leise, leise,
leuchtet freundlich in die Welt.
Leuchtet still auf seine helle Weise,
bis es Herz um Herz erhellt.

2. Seht, wir halten froh in unsren Händen
heute das Laternenlicht,
wollen tanzen einen kleinen Reigen.
Leuchte, leuchte, kleines Licht.

3. Freude, Freude soll es allen bringen,
Mensch, sei du auch selbst ein Licht.
Lass dein Lachen und dein frohes Singen
zu uns kommen, fürcht' dich nicht.

Schlipp und Schlapp

Worte und Melodie: Wolfgang Spode

1. Schlipp und Schlapp, die beiden Schuhe, wandern um die Welt. Sie haben schon Paris gesehn und war'n in Bielefeld.

2. Schlipp und Schlapp, die beiden Schuhe,
   rennen querfeldein,
   denn jeder von den beiden möcht'
   zuerst am Ziele sein.

3. Schlipp und Schlapp, die beiden Schuhe,
   schleichen durch die Nacht.
   Auf Zehenspitzen trippeln sie
   sehr leise und ganz sacht.

Gestaltet das Lied in unterschiedlichem Tempo.

Trampelpolka ⊚ 105

Aus Deutschland (Schwarzwald)
Tanzfassung: Heinz Maruhn

Tram - pel - pol - ka tanz ich gern mit 'nem hüb - schen jun - gen Herrn.
A - ber mei - ne Mut - ter spricht: Klei - ne Mäd - chen tun das nicht!
Im - mer - zu, im - mer - zu, bis die Soh - le fällt vom Schuh, fällt vom Schuh.

Tanzaufstellung: Stirnkreis paarweise

Takt 3–4 und 7–8

Takt 9–12 und 13–16

Achtung: Takte 13–16 im Seitgalopp gegen Tanzrichtung (siehe S. 155), der Außenkreis geht einen Platz weiter, der neue Durchgang beginnt mit einem neuen Partner.

Einfach tierisch

Das Drachenei ⊚ 89

Worte und Melodie: Matthias Meyer-Göllner
(siehe auch S. 88)

1.–6. Ein Ei, ein Ei, ein grünes Drachen-ei und in-nen drin das Drachen-ba-by wär' so ger-ne frei! 1. Ich klop-fe mit der Hand – klopf, klopf – mal an die Ei-er-wand – klopf, klopf. Ich klop-fe o-ben-drauf – klopf, klopf – doch lei-der geht's nicht auf! War nichts mit klopf, klopf.

Schluss: Und aus dem Ei, dem grünen Drachen-ei, da schlüpft ein kleines Drachen-baby und es singt dabei:

Extraschluss: La-la, la-la, la-la-la-la-la, la-la-la-la-la-la-la-la-la-la-la-la-la.

In jeder Strophe kommt eine Textzeile dazu.

Direkt nach der 6. Strophe Schluss und Extraschluss bis fine singen.

2. Ich trample mit dem Fuß – bumm, bumm,
sodass es platzen muss – bumm, bumm.
Ich trampel obendrauf – bumm, bumm,
doch leider geht's nicht auf!
War nichts mit klopf, klopf.
Und nichts mit bumm, bumm.

3. Den Hammer hol ich dann – kläng, kläng,
Und hämmer, was ich kann – kläng, kläng.
Ich hämmer obendrauf – kläng, kläng,
doch leider geht's nicht auf!
War nichts mit …

4. Die Walze, riesengroß – brumm, brumm,
fährt auf das Ei drauflos – brumm, brumm.
Ich fahre obendrauf – brumm, brumm,
doch leider geht's nicht auf.
War nichts mit …

5. Jetzt sprenge ich das Ei – o nein!
Hol Dynamit herbei – o nein!
Ich leg es obendrauf – (Mit Gesten: Zündschnur
anzünden, Ohren
zuhalten und …)
Doch leider geht's nicht auf.
War nichts mit klopf, klopf.
Und nichts mit bumm, bumm.
Und nichts mit kläng, kläng.
Und nichts mit brumm, brumm.
Und nichts mit broom.

6. Da singt, ich hör es gern – la, la,
ein Drachenkind von fern – la, la.
Das Liedchen schwebt herbei – la, la,
da bricht das Ei entzwei – hurra!

Die Regenbogenvögel 🎵 106

Worte und Melodie: Susanne Brandt-Köhn
(nach einem indianischen Märchen)

1. Schon viele Jahre ist es her, da jammerten die Vögel sehr, denn alle trugen zu dieser Zeit ein hässlich graues Federkleid.

1.–5. Gelb, blau und rot, die schönsten Farben wollten die Vögel gerne haben und dieser Traum, der wurde wahr. Ein Märchen erzählt, was damals geschah, ein Märchen erzählt, was damals geschah:

2. Ein Regenbogen, bunt und schön,
   war hoch am Himmelszelt zu sehn.
   Da kam den Vögeln in den Sinn:
   „Wir fliegen zu den Farben hin."

3. Sie flogen hoch, sie flogen weit
   mit ihrem grauen Federkleid
   und alle kamen irgendwann
   beim Bogen dort am Himmel an.

4. Ein junger Vogel hatte Mut,
   er flog hindurch und das war gut,
   denn leuchtend gelb kam er zurück,
   da riefen alle: „Welch ein Glück!"

5. Und es verging kaum eine Stund',
   da waren alle Vögel bunt.
   So sehen sie auch heute noch aus.
   Schau doch mal nach vor deinem Haus.

Ahmt mit euren Händen den Flügelschlag der Vögel nach.

Märchenreise

Märchenraten

Worte und Melodie: Erika Schirmer

1.–5. Es war einmal, es war einmal, so fangen alle Märchen an.
Wir woll'n hören, ob ihr wisst, was das für ein Märchen ist?

sprechen:

1. Wer sitzt in dem Kämmerlein,
   spinnt das Stroh zu Gold so fein?

2. Bäumchen, Bäumchen, rüttle dich,
   wirf Gold und Silber über mich!

3. Wartet nur, ich hab euch gleich!
   Sieben Stück auf einen Streich.

4. Poch – poch – poch, macht auf die Tür,
   euer Mütterlein ist hier!

5. Hab ein Käppchen, rot und fein.
   Bring zur Oma süßen Wein.

Gut gemacht! Gut gemacht! Ja, das hast du gut gemacht!

Reimt weiter.   Spieglein, Spieglein an der Wand, …
Zum Beispiel: Knusper, knusper, knäuschen, …

Aschenputtel 🎵 14

Worte: Gabriele Weiß · Melodie: Thomas Natschinski
(siehe auch S. 25)

1. Es gibt ein Mäd-chen wie kei-ne schön, das möcht aufs Schloss gern zum Tan-zen gehn.

Doch hat es kein Kleid und fehl'n ihm die Schuh. Gur-re, mein Täub-chen, rucke-di-guh.

2. Da wächst und blüht schon am Haselstrauch
   ein güldnes Kleid, goldne Schuhe auch.
   Und drehn sich im Tanz die goldenen Schuh.
   Gurre, mein Täubchen, ruckediguh.

3. Kaum hat der König sie angeschaut,
   ist sie ihm Liebste, wird seine Braut.
   Und muss sie auch fliehn, so bleibt ihm ein Schuh.
   Gurre, mein Täubchen, ruckediguh.

4. Da gibt der König es laut bekannt,
   er sucht die Liebste im ganzen Land.
   Und wer's auch versucht, nur ihr passt der Schuh.
   Gurre, mein Täubchen, ruckediguh.

5. Zwei weiße Tauben, die rufen laut:
   „Das ist die wahre, die rechte Braut,
   verdankt all ihr Glück dem goldenen Schuh,
   Aschenputtel, ruckediguh!"

Hänsel und Gretel 🔵 65

Worte und Melodie: Wolfgang Richter
(siehe auch S. 68)

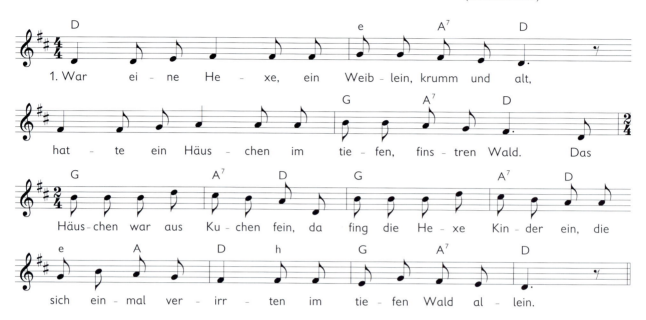

1. War eine Hexe, ein Weiblein, krumm und alt,
hatte ein Häuschen im tiefen, finstren Wald.
Das Häuschen war aus Kuchen fein,
da fing die Hexe Kinder ein,
die sich einmal verirrten im tiefen Wald allein.

2. Hänsel und Gretel, die knusperten am Haus.
Naschwerk und Kuchen, das war ein süßer Schmaus!
Da trat die Hexe aus der Tür,
ein schwarzer Kater hinter ihr.
„Ich will euch wohl bewirten,
ihr Kinder, kommt zu mir!"

3. Sie sperrte Hänsel im dunklen Stalle ein.
Da half kein Weinen dem armen Gretelein.
Die Hexe fuhr das Mädchen an:
„Du faule Gret', schaff Holz heran,
dass ich auf gutem Feuer
die Brote backen kann!"

4. „Kriech in den Ofen!", die Hexe sprach voll List,
„ob's schon zum Backen die rechte Hitze ist."
„Ich weiß nicht, wie ich's richtig tu."
„Ich zeig's dir, dumme Grete, du!"
Klapp! schlug das kluge Mädchen
die Ofentüre zu.

5. Das war ein Heulen weit in den Wald hinaus!
Hänsel und Gretel, die knusperten am Haus.
Die Hexe brannte lichterloh!
Wer Böses tut, dem geht es so.
Die Kinder fanden heimwärts
vom Wald, vergnügt und froh.

Lied von den finnischen Heinzelmännchen ⊚ 12 a, b

Worte: überliefert
Melodie: Klaus Holthaus
(siehe auch S. 23)

1. Lich-ter lö-schen, al-le Leu-te schla-fen, Leu-te schla-fen.

Al-ter Mond-herr nur macht sei-ne Rei-se, sei-ne Rei-se.

1.–7. Tipp, tapp, tipp, tapp, tip-pe, tip-pe, tipp, tapp, tipp, tipp, tapp.

2. Leise schleichen auf den Zehenspitzen, Zehenspitzen,
   Heinzelmännchen mit den roten Mützen, roten Mützen.

3. Gutes Essen, feine Leckereien, Leckereien.
   Durch die Ritzen spicken, sehen, staunen, spicken, staunen.

4. Auf die Tische schnell ihr alle, hopp, hopp, alle, hopp, hopp!
   Braten essen, trinken aus den Bechern, aus den Bechern.

5. So viel Gutes, voll und rund das Bäuchlein, rund das Bäuchlein.
   „Schmeckt's dir auch so?", flüstert man dem Nachbarn, ja, dem Nachbarn.

6. Spielen, tanzen um die grüne Tanne, grüne Tanne,
   bis am Himmel rot sich zeigt die Sonne, rot die Sonne.

7. Leise, leise auf den Zehenspitzen, Zehenspitzen
   heimwärts geht es mit den roten Mützen, roten Mützen.

Miteinander

Geburtstagskind, Geburtstagskind

Worte: Helene Busch-Elsner · Melodie: Siegfried Bimberg

1. Ge-burts-tags-kind, Ge-burts-tags-kind, oh komm zu uns he-rein geschwind! Wir ste-hen al-le hier und gra-tu-lie-ren dir! Wir dir!

2. Geschenkt bekommst du auch etwas. Wir hoffen sehr, es macht dir Spaß! Tritt an den Tisch heran und schau es dir mal an!

Heute ist Geburtstag

Worte und Melodie: überliefert

Kanon für 4 Stimmen

Heu-te ist Ge-burts-tag, heu-te ist Ge-burts-tag, heu-te ist Ge-burts-tag und das ist schön!

So groß wie ein Baum

Worte: Reinhard Feuersträter · Melodie: Reinhard Horn

1. So groß wie ein Baum, so stark wie ein Bär, so tief wie ein Fluss soll unsre Freundschaft sein!

2. So weit wie das Meer,
   so hoch wie ein Haus,
   so hell wie ein Stern
   soll unsre Freundschaft sein!

3. So bunt wie ein Bild,
   so breit wie der See,
   so schön wie der Wald
   soll unsre Freundschaft sein!

4. So lang wie die Zeit,
   so frei wie der Wind,
   so froh wie ein Lied
   soll unsre Freundschaft sein!

Denkt euch zum Lied passende Bewegungen und Gesten aus.

Ich mag dich so

Worte: Rolf Krenzer · Melodie: Walter Vahrenkamp

1. Ich mag dich so, ich mag dich so, ich mag dich so gut leiden. Ich winke dir von weitem zu. Wie wär's denn mit uns beiden? Ich winke dir von weitem zu. Wie wär's denn mit uns beiden?

2. Ich mag dich so … leiden.
   Ich stell mich einfach neben dich.
   Wie wär's denn mit uns beiden?

3. Ich mag dich so … leiden.
   Ich geb dir einfach meine Hand.
   Wie wär's denn mit uns beiden?

Ute hat mit Anne Streit 🔊 64

Worte: Josefine Bienath · Melodie: Manfred Bauer
(siehe auch S. 67)

1. U-te hat mit An-ne Streit, Ot-to rauft im Nu.
   Klaus, der är-gert Mi-cha-el, lässt ihm kei-ne Ruh.
   Frag mich bit-te nicht, wa-rum, rau-fen, strei-ten find ich dumm.

2. Max, der Streber, gibt nur an, Uli tut ganz groß.
   Eigentlich sind beide nett, warum tun sie's bloß?
   Frag mich bitte nicht, warum, Sprüche machen find ich dumm.

3. Emil hat zwar Abstehohren, Bernhard lacht sich drüber tot.
   Wenn man ihren Namen ruft, wird die Anke rot.
   Frag mich bitte nicht, warum, Schadenfreude find ich dumm.

Schluss

Was bei al-len die-sen Sa-chen könn-te je-der bes-ser ma-chen?
Je-der müss-te, das wär schön, auch den an-de-ren ver-stehn!

Begleitet die dritte Liedzeile mit Grundschlägen.

Jemand ist traurig

Worte und Melodie: Volker Friebel und Marianne Kunz

1. Jemand ist traurig und fühlt sich schwer, schwer wie ein alter, zottliger Bär.
2. Jemand ist einsam und fühlt sich kalt, kalt wie das Bächlein im Winterwald.
3. Jemand ist fröhlich und fühlt sich leicht, leicht wie die Feder über ihn streicht.
4. Jemand hat Freunde und fühlt sich warm, Freunde, die gehen Arm in Arm.

Das kleine Liedchen

Worte und Melodie: Helga Maria List

1. Bin ich traurig, fällt mir gleich dies kleine Liedchen ein,
wenn ich's höre, wenn ich's singe, bin ich nicht allein.
Denn es tröstet mich und dann freu ich mich und mir ist wie Sonnenschein.

2. Hab ich Sehnsucht, …   3. Geh ich schlafen, …

Nach der 3. Strophe da capo al fine

Singt den Refrain auch auf andere Silben.
z. B. *Du-du-du-du, Dü-dü-dü-dü, Lu-lu-lu-u, No-no-no-no.*

Andere Länder – andere Sprachen

Button, you must wander ◎ 107

Aus den USA

But-ton, you must wan-der, wan-der, wan-der,
but-ton, you must wan-der eve-ry-where.
Bright eyes will find you, sharp eyes will find you,
but-ton, you must wan-der eve-ry-where.

Spielidee: Fädelt einen Knopf auf eine Schnur auf. Stellt euch im Kreis auf, haltet die Schnur fest und schiebt den Knopf bei jeder Betonung verdeckt weiter. Ein Kind steht mit verbundenen Augen im Kreis. Am Schluss des Liedes soll es erraten, wo sich der Knopf befindet.

Ten little Indians

Worte und Melodie: überliefert

One lit-tle, two lit-tle, three lit-tle In-di-ans; four lit-tle, five lit-tle, six lit-tle In-di-ans.
Sev-en lit-tle, eight lit-tle, nine lit-tle In-di-ans; ten lit-tle In-di-an boys and girls.

Bewegt eure Finger passend zum Text.

Afrikanisches Begrüßungslied

Aus Ghana

Fun - ga a - la - fi - a a - sche a - sche.

Fun - ga a - la - fi - a a - sche a - sche.

Der Text dieses Liedes bedeutet:
Alle meine Gedanken, Worte und Gefühle sind bei dir.
Ich komme in Frieden.

Un, deux, trois ⊙ 108 a, b

Aus Frankreich

(One, two, three)

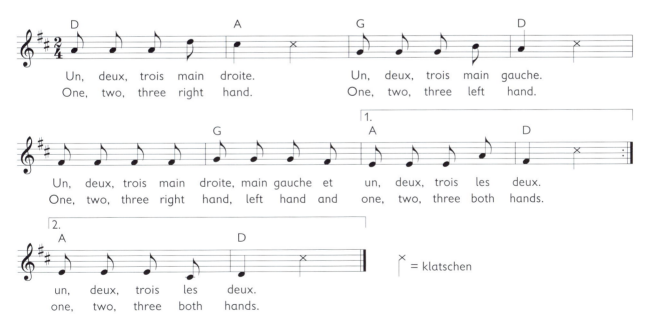

✗ = klatschen

Stellt euch paarweise gegenüber und klatscht zum Lied. Ihr könnt das Lied auf Französisch und auf Englisch singen.
Wer kann den Text übersetzen?

Jahreszeiten kunterbunt

Jetzt fängt das schöne Frühjahr an

Aus dem Rheinland

2. Es blühen Blümlein auf dem Feld,
sie blühen weiß, blau, rot und gelb;
es gibt nichts Schön'res auf der Welt.

3. Jetzt geh ich über Berg und Tal,
da hört man schon die Nachtigall
auf grüner Heid' und überall.

Hinter einem Busch

Worte und Melodie: Edith Nothdorf

2. Hab die letzten Eier noch
angemalt in Eile,
rot und grün und gelb und blau
und mit Muster – silbergrau,
das dauerte 'ne Weile.

Sommerwind

Worte und Melodie: Wolfgang Spode

1. Es streicht ein warmer Sommerwind durch Gräser, Blüten, Blätter. Er schiebt die Regenwolken fort und bringt uns gutes Wetter.

2. Es scheint der warme Sommerwind
uns freundlich einzuladen
zum Spielen an der frischen Luft,
zum Wandern und zum Baden.

3. Es singt der warme Sommerwind
ein Lied hoch in den Bäumen
und du und ich, wir summen mit
und können dabei träumen.

4. Ich mag den warmen Sommerwind,
ich mag sein sanftes Wehen.
Ich möcht so gerne mit ihm ziehn
und ferne Länder sehen.

Gestaltet mit der Stimme und/oder einem Blatt Papier Vor-, Zwischen- und Nachspiele zum Lied.

Der Herbst, der ist ein Malersmann

Worte: Walter Krumbach
Melodie: Wolfgang Richter

1. Der Herbst, der ist ein Malersmann, er malt die grünen Blätter an; in vielen Farben leuchtet bald der bunt geschmückte Wald.

2. Der Herbst geht durch das ganze Land,
und hält er Rast am Wegesrand,
sind Fluss und Tal in Dampf getaucht,
weil er sein Pfeifchen schmaucht.

3. Der Herbst, der schenkt uns blankes Gold,
das auf der Straße hüpft und rollt.
Kastanien sind's, die uns erfreun,
kommt, sammelt alle ein!

Der Herbst ist da 🔘 7

Worte und Melodie: Hans R. Franzke
(siehe auch S. 18)

1. Der Herbst, der Herbst, der Herbst ist da!
Er bringt uns Wind, hei hus-sas- - - sa!
Schüt-telt ab die Blät- ter,
bringt uns Re- gen- wet- ter.
1.–4. Hei - a hus-sas-sa, der Herbst ist da!

2. Der Herbst, der Herbst, der Herbst ist da!
   Er bringt uns Obst, hei hussassa!
   Macht die Blätter bunter,
   wirft die Äpfel runter.

3. Der Herbst, der Herbst, der Herbst ist da!
   Er bringt uns Wein, hei hussassa!
   Nüsse auf den Teller,
   Birnen in den Keller.

4. Der Herbst, der Herbst, der Herbst ist da!
   Er bringt uns Spaß, hei hussassa!
   Rüttelt an den Zweigen,
   lässt den Drachen steigen.

Nebel, Nebel ⊙ 61

Worte: Rolf Krenzer · Melodie: Detlev Jöcker
(siehe auch S. 65)

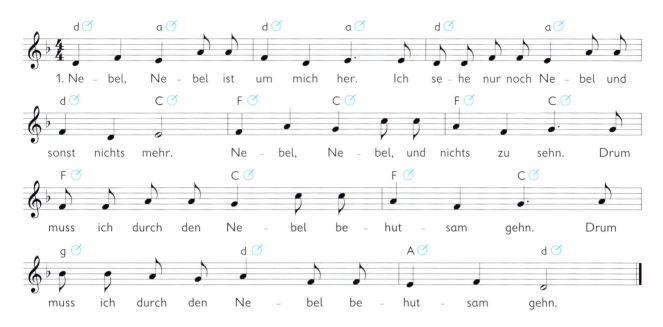

1. Ne-bel, Ne-bel ist um mich her. Ich se-he nur noch Ne-bel und sonst nichts mehr. Ne-bel, Ne-bel, und nichts zu sehn. Drum muss ich durch den Ne-bel be-hut-sam gehn. Drum muss ich durch den Ne-bel be-hut-sam gehn.

2. Nebel, Nebel! Sag, wo bist du?
   Ich suche dich im Nebel
   doch immerzu.

   Nebel, Nebel! Sag, wo bist du?
   |: Ich spüre dich im Nebel. :|
   |: Da bist du ja! :|

3. Nebel, Nebel liegt auf dem Land.
   Doch wir gehn durch den Nebel
   jetzt Hand in Hand.

   Nebel wird mal verschwunden sein.
   |: Wie schön ist nach dem Nebel :|
   |: der Sonnenschein. :|

Schneemann, rolle, rolle

Worte und Melodie: überliefert

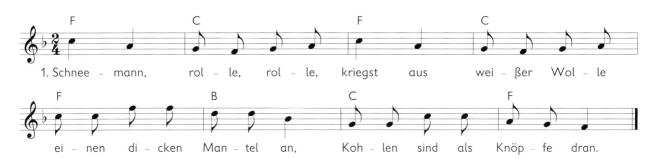

1. Schnee-mann, rol-le, rol-le, kriegst aus wei-ßer Wol-le ei-nen di-cken Man-tel an, Koh-len sind als Knöp-fe dran.

2. Schneemann, sei nicht trübe,
   kriegst 'ne rote Rübe,
   zwischen deinen Äugelein
   soll ein lustig Näslein sein.

3. Schneemann, lass dich malen,
   zwei Kartoffelschalen
   unterm alten Sonnenhut,
   stehen dir als Ohren gut.

Worte: Christian Adolf Overbeck
Melodie: Wolfgang Amadeus Mozart
(siehe auch S. 83)

Komm, lieber Mai ⓞ 84 a, b

1. Komm, lie-ber Mai, und ma-che die Bäu-me wie-der grün und lass mir an dem Ba-che die klei-nen Veil-chen blühn! Wie möcht ich doch so ger-ne ein Veil-chen wie-der sehn, ach, lie-ber Mai, wie ger-ne ein-mal spa-zie-ren gehn!

2. Zwar Wintertage haben
   wohl auch der Freuden viel:
   man kann im Schnee eins traben
   und treibt manch Abendspiel,
   baut Häuserchen von Karten,
   spielt Blindekuh und Pfand;
   auch gibt's wohl Schlittenfahrten
   aufs liebe, freie Land.

3. Ach, wenn's doch erst gelinder
   und grüner draußen wär!
   Komm, lieber Mai, wir Kinder,
   wir bitten dich gar sehr!
   O komm und bring vor allem
   uns viele Veilchen mit,
   bring auch viel Nachtigallen
   und schöne Kuckucks mit!

Das Jahreszeiten-Lied 🔘 72

Worte und Melodie: Gerda Bächli
(siehe auch S. 74)

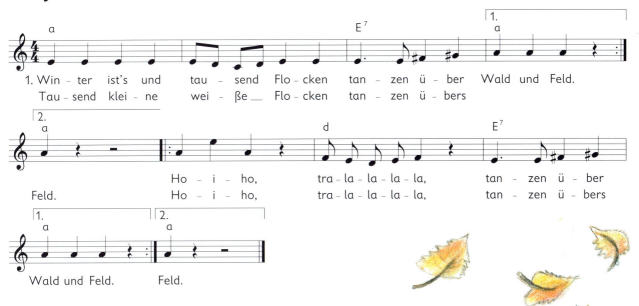

1. Winter ist's und tausend Flocken tanzen über Wald und Feld.
   Tausend kleine weiße Flocken tanzen übers Feld.
   Hoiho, tralalalala, tanzen über Wald und Feld.
   Hoiho, tralalalala, tanzen übers Feld.

2. Frühling ist's und tausend Falter
   tanzen übers grüne Gras.
   Tausend bunte Frühlingsfalter
   tanzen übers Gras …

3. Sommer ist's und tausend Mücken
   tanzen froh im Abendlicht.
   Tausend kleine Silbermücken
   tanzen froh im Licht …

4. Herbst ist's wieder, tausend Blätter
   tanzen mit dem Wirbelwind.
   Tausend dürre Raschelblätter
   tanzen mit dem Wind …

Warten auf Weihnachten

Der Bratapfel ◎ 16

Worte: Fritz Kögel · Melodie: Richard Rudolf Klein
(siehe auch S. 28)

1. Ihr Kinder, kommt und ratet, was im Ofen bratet!
Hört, wie es knallt und zischt! Bald wird er aufgetischt,
der Zipfel, der Zapfel, der Kipfel, der Kapfel, der gelbrote Apfel.

2. Ihr Kinder, laufet schneller!
Holt euch einen Teller!
Holt eine Gabel!
Sperrt auf den Schnabel
für den Zipfel, den Zapfel,
den Kipfel, den Kapfel,
den goldbraunen Apfel.

3. Sie pusten und sie prusten,
sie gucken und sie schlucken,
schnalzen und schmecken,
lecken und schlecken,
den Zipfel, den Zapfel,
den Kipfel, den Kapfel,
den knusprigen Apfel.

Drei aus dem Pfefferkuchenland ◎ 68

Worte und Melodie: Margarete Jehn
Textidee: Astrid Gullstrand
(siehe auch S. 71)

1. Wir sind die drei Männer aus Pfefferkuchenland, sind
so knusprig und braun und so herrlich alle drei – Kolangegewandert zusammen Hand in Hand,
rinthen als Augen, 'nen Hut aus Zuckerei.

2. Drei Männer, drei Männer aus Pfefferkuchenland
woll'n Weihnachten feiern zusammen Hand in Hand,
die Schnucken und Schnecken, die ließen wir allein –
die bleiben viel lieber beim Pfefferkuchenschwein.

3. Jetzt zeigt uns den Weg in ein Pfefferkuchenhaus,
da wollen wir bleiben, da ruhen wir uns aus;
will einer uns fressen, dann sagen wir ihm dies:
„Das lass lieber bleiben, wir sind doch viel zu süß!"

4. Wir sind die drei Männer aus Pfefferkuchenland,
woll'n lange noch leben zusammen Hand in Hand,
und wandern wir weiter, darfst du nicht traurig sein –
zu Weihnachten kehren wir wieder bei dir ein.

Weihnachtszeit

Worte und Melodie: Wilfried Behrendt

2. Weihnachtszeit – Schnupperzeit!
   Süße Düfte weit und breit.
   Honigkuchen mit Rosinen,
   Zuckermandeln, Mandarinen.
   Weihnachtszeit – Schnupperzeit!
   Süße Düfte weit und breit.

3. Weihnachtszeit – Winterzeit!
   Alles glitzert weit und breit.
   Reh und Hase finden froh
   in der Krippe Heu und Stroh.
   Weihnachtszeit – Winterzeit!
   Alles glitzert weit und breit.

4. Weihnachtszeit – Singezeit!
   Lieder klingen weit und breit.
   Überall mit frohen Zungen
   wird das Weihnachtsfest besungen.
   Weihnachtszeit – Singezeit!
   Lieder klingen weit und breit.

Leuchte, leuchte, kleine Laterne

Worte und Melodie: Rudolf Nykerin

3. Glänze, glänze, kleine Laterne,
   glänze hell in dieser Nacht.
   Zwischen großen grauen Häusern
   strahlt heut' eine Lichterpracht.

4. Wiege, wiege, kleine Laterne,
   wieg dich sanft in dunkler Nacht.
   Kleines Schiff aus Lichterschein,
   sollst mein Weggefährte sein.

Leuchtet mit Taschenlampen zum Lied.

O Tannenbaum ⌕ 109 a, b

Worte und Melodie: überliefert

1. O Tannenbaum, o Tannenbaum, du trägst ein'n grünen Zweig den Winter, den Sommer, das dau'rt die liebe Zeit.

2. Warum sollt ich nicht grünen,
da ich noch grünen kann?
Ich hab nicht Mutter noch Vater,
der mich versorgen kann.

3. Und der mich kann versorgen,
das ist der Erde Schoß,
der lässt mich wachsen und grünen,
drum bin ich schlank und groß.

Dicke rote Kerzen

Worte: Rolf Krenzer · Melodie: Ludger Edelkötter

1. Dicke rote Kerzen, Tannenzweigenduft und ein Hauch von Heimlichkeiten liegt jetzt in der Luft. Und das Herz wird weit. Macht euch jetzt bereit! 1.–4. Bis Weihnachten, bis Weihnachten ist nicht mehr weit.

2. Schneidern, hämmern, basteln überall im Haus.
Man begegnet hin und wieder schon dem Nikolaus.
Ja, ihr wisst Bescheid! Macht euch jetzt bereit!

3. Lieb verpackte Päckchen überall versteckt
und die frisch gebacknen Plätzchen wurden schon entdeckt.
Heute hat's geschneit. Macht euch jetzt bereit!

4. Menschen finden wieder füreinander Zeit.
Und es klingen alte Lieder durch die Dunkelheit.
Bald ist es so weit! Macht euch jetzt bereit!

Schneeflocken hüpfen

Worte und Melodie: Volker Rosin

1. Schnee-flo-cken hüp-fen im Win-de auf und nie-der. Schnee-flo-cken hüp-fen den lieben lan-gen Tag.

Schneeflocken hüp-fen und hüp-fen immer wieder. Schneeflocken ha-ben den ganzen Tag nur Spaß. 1.–3. Wir

klatschen in die Hän-de, da zit-tern schon die Wän-de. Wir klatschen in die Hän-de. Wir

stampfen auf den Bo-den, wir woll'n heut rich-tig to-ben. Wir stampfen auf den Bo-den.

2. Schneeflocken schlenkern die Arme auf und nieder.
   Schneeflocken schlenkern den lieben langen Tag.
   Schneeflocken schlenkern und schlenkern immer wieder.
   Schneeflocken haben den ganzen Tag nur Spaß.

3. Schneeflocken dreh'n ihre Beine wie ein Fahrrad.
   Schneeflocken drehen den lieben langen Tag.
   Schneeflocken drehen und drehen, weil das Spaß macht.
   Schneeflocken radeln wohl durch die ganze Stadt.

Bewegt euch wie die Schneeflocken.

Alle Jahre wieder ◎ 110 a, b

Worte: Wilhelm Hey · Melodie: Friedrich Silcher

1. Al-le Jah-re wie-der kommt das Chris-tus-kind auf die Er-de nie-der, wo wir Menschen sind.

2. Kehrt mit seinem Segen
   ein in jedes Haus,
   geht auf allen Wegen
   mit uns ein und aus.

3. Steht auch mir zur Seite
   still und unerkannt,
   dass es treu mich leite
   an der lieben Hand.

Unsere Musikinstrumente

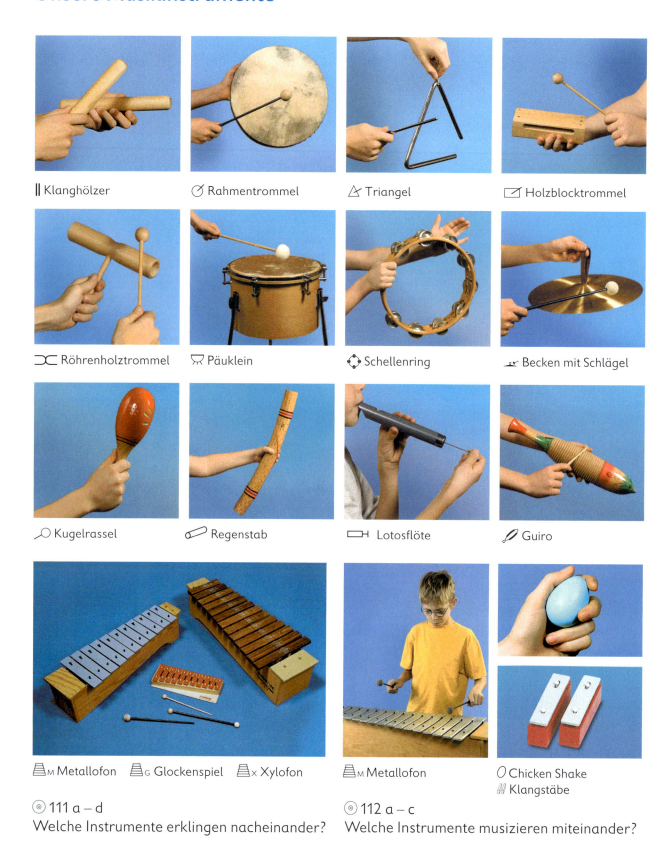

|| Klanghölzer ⌀ Rahmentrommel △ Triangel ⌐ Holzblocktrommel

⊃⊂ Röhrenholztrommel ⛢ Päuklein ◇ Schellenring ⚞ Becken mit Schlägel

⌒ Kugelrassel ⌒ Regenstab ⊏⊐ Lotosflöte ⌒ Guiro

▤ₘ Metallofon ▤ɢ Glockenspiel ▤ₓ Xylofon   ▤ₘ Metallofon   O Chicken Shake
                                                                // Klangstäbe

◎ 111 a – d   ◎ 112 a – c
Welche Instrumente erklingen nacheinander?   Welche Instrumente musizieren miteinander?

◉ 113 a – f
Welche Instrumente hört ihr nacheinander?

⌒ Cowbell   ╫ Zimbeln   ⌒ Tamtam

◉ 114
An welcher Stelle erklingt der Glockenkranz?

⌢ Glockenkranz   ∥ Bassklangstäbe   ⊓⊓⊓ Röhrenglockenspiel

Selbst gebaute Instrumente, Gegenstände und Materialien

  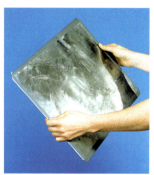 

Kazoo   Nagelsieb   Donnerblech

Windschlauch   Tröte   Flasche   Gläser

137

Musikinstrumente stellen sich vor

Gitarre

Violine

Klavier

Blockflöte

Kontrabass

Querflöte

Mir gefallen alle Instrumente.

◉ 115 a, b
In welcher Reihenfolge hört ihr die Instrumente?

◉ 116 a, b
Welche Instrumente musizieren gemeinsam?

◉ 117 a, b
Welches Instrument spielt als Solist mit dem Orchester?

Keyboard

Akkordeon

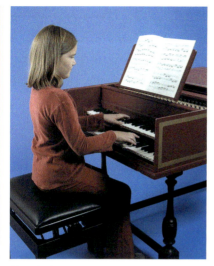
Cembalo

Klarinette

Schlagzeug

Ich möchte aber unbedingt Klavier spielen lernen.

◎ 118 a – e
Welche Instrumente musizieren nacheinander?

◎ 119
Erkennt die drei Instrumente, die gemeinsam spielen.
Welches Instrument beginnt?

Meine Stimme

Wie meine Stimme entsteht

Stimmlippen

Ich atme ein. Mein Bauch wird dick und die Luft
kommt in den Hals. Dort befinden sich meine Stimmlippen. Die Töne entstehen
durch das Schwingen meiner Stimmlippen. Sie werden durch die Luft zum Schwingen gebracht.
Dadurch entstehen die Töne.

Erprobe, was du alles mit deiner Stimme machen kannst, z. B.:

rufen   wispern   brummen   singen

Stimme und Stimmung gehören eng zusammen. Habe ich gute Laune ist meine Stimme
kraftvoll und klangschön. Bin ich traurig, klingt meine Stimme müde und kraftlos.
Damit meine Stimme nicht krank wird, muss ich sie trainieren und pflegen.
Zu lautes Sprechen und Schreien schaden meiner Stimme.

Mein Körper singt mit – **H**altung

Gut atmen – gut singen – **A**tmung

Deutlich sprechen – deutlich singen – Lautbildung

Schön singen – Tongebung

Spielvorschlag: Suche einen Ton und verschenke ihn weiter.

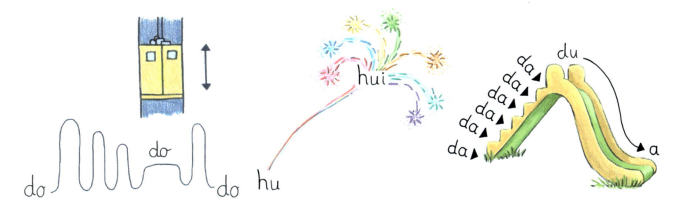

Ein Spiel für Stimme und Sprache

Hoch wie ein Haus,
klein wie eine Maus.

Stachlig wie ein Igel,
glänzend wie ein Spiegel.

Sprecht den Text wie diese vier Figuren.

Wie wir zur Musik tanzen

Tanzrichtung

In Tanzrichtung (entgegen der Uhrzeigerrichtung)

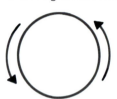

gegen Tanzrichtung (in Uhrzeigerrichtung)

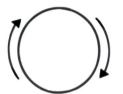

in die Kreismitte und zurück

nach rechts/nach links

vorwärts/rückwärts

Tanzaufstellungen

Einzelaufstellung
Rücken

Gesicht

Paaraufstellung

Stirnkreis

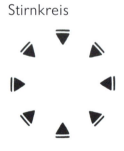

paarweise

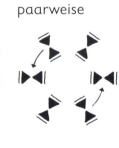

Schulterkreis

paarweise

Gasse

Reihe, nebeneinander

Formation

Reihe, hintereinander

Fassungen

Kreisfassung

Zweihandfassung

Schulterfassung

offene Fassung

Hüftstütz

Radfassung

Schrittarten

Nachstellschritt

re seit — li ran — re seit — li ran

Seitgalopp (hüpfen! lang – kurz)

re seit — li ran — re seit — li ran

Kreuzschritt

re seit — li kreuz — re seit — li ran

Kick

re seit — li kick — li seit — re kick

Tipp

re seit — li tipp — li seit — re tipp

Hip-Hop-Tanzschritte zum Rap ⊚ 120

1

re hoch – re ran – li hoch – li ran

2

li tritt — li hoch — li ran — re tritt — re hoch — re ran

Für jede Musik gibt es unterschiedliche Tanzbausteine (Schrittfolgen, Körperbewegungen)

Wir tanzen zur Popmusik.

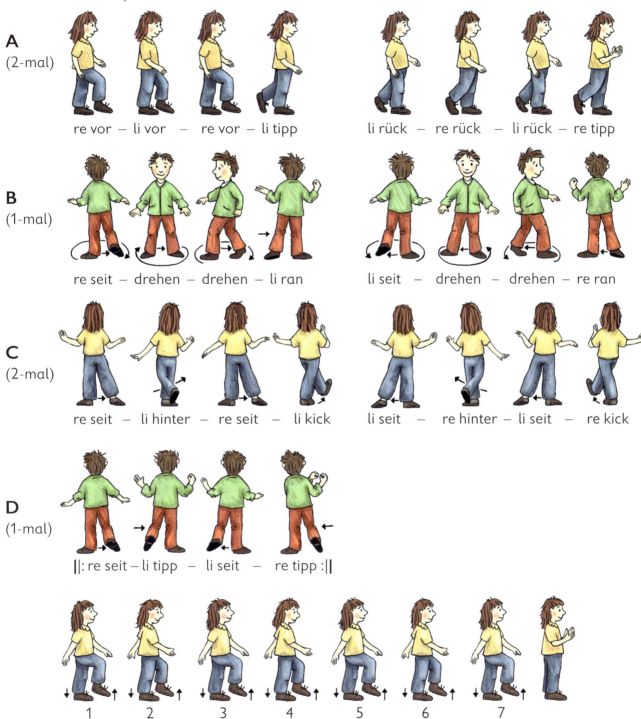

A (2-mal) re vor – li vor – re vor – li tipp   li rück – re rück – li rück – re tipp

B (1-mal) re seit – drehen – drehen – li ran   li seit – drehen – drehen – re ran

C (2-mal) re seit – li hinter – re seit – li kick   li seit – re hinter – li seit – re kick

D (1-mal) ||: re seit – li tipp – li seit – re tipp :||

◉ 121

Ihr könnt zu jeder Popmusik in Formationsaufstellung die Tanzbausteine tanzen.
Denkt euch die Bewegungen der Arme selbst aus. Lasst euch von den Bildern anregen.

Wie wir Musik hören und aufschreiben

Die Lautstärke der Musik

Musik ist laut oder leise.

Musik ist manchmal auch ganz laut, laut, halblaut, leise oder ganz leise.

Musik wird mal lauter und mal leiser.

Das Tempo in der Musik

Musik ist langsam oder schnell.

Musik ist manchmal auch ganz langsam, schnell oder ganz schnell.

Musik wird mal schneller und mal langsamer.

Der Klang der Musik

Klänge sind hell oder dunkel.
Einzelne Töne klingen unterschiedlich:

Hallklänge

Bewegungsklänge

Gleitklänge (Glissandi)

Punktklänge

Tontrauben (Cluster)

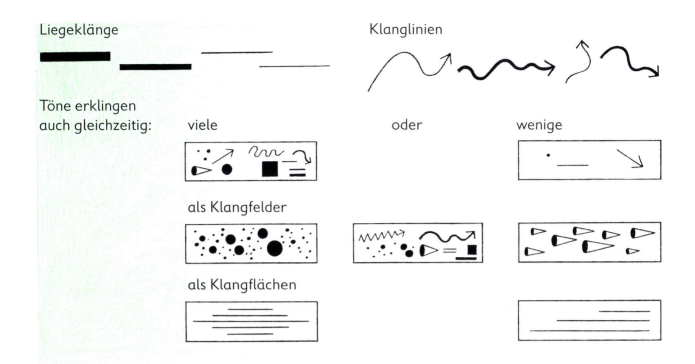

Die Form der Musik

Musik hat gleiche und unterschiedliche Teile.

Lieder haben Strophen und oft auch einen Refrain.
Es gibt auch Lieder mit Vorspielen, Zwischenspielen und Nachspielen.

Die Tonhöhen

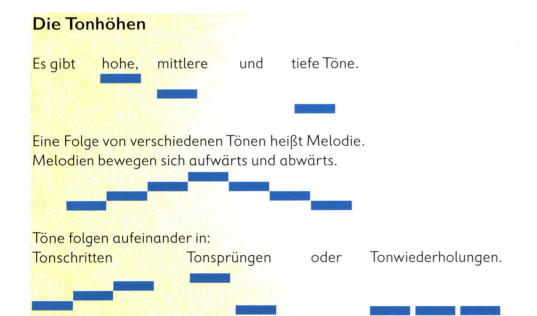

Töne haben Namen: c d e f g a h c d

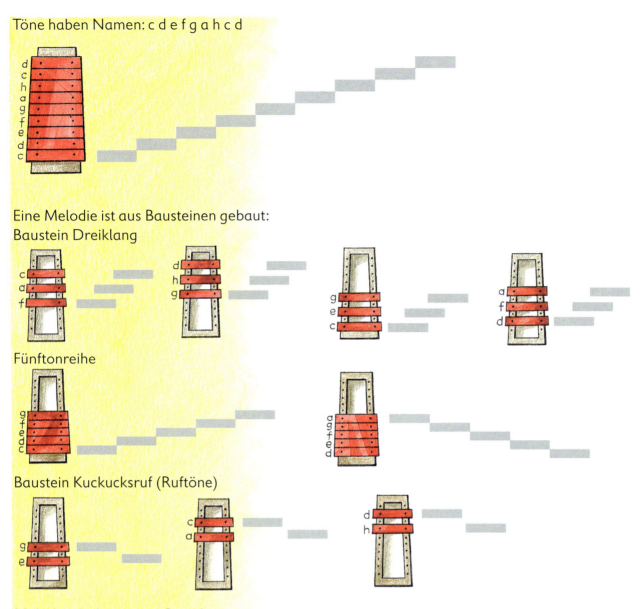

Eine Melodie ist aus Bausteinen gebaut:
Baustein Dreiklang

Fünftonreihe

Baustein Kuckucksruf (Ruftöne)

Melodien haben einen Grundton.
Er klingt wie ein Punkt im Satz.
Manchmal klingt eine Melodie, die sich aufwärts bewegt, wie eine Frage.
Töne, die sich abwärts zum Grundton bewegen, können wie eine Antwort klingen.

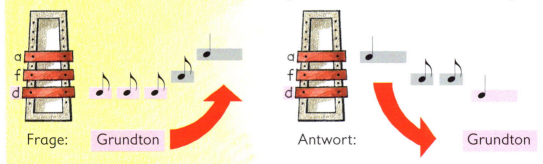

Melodien klingen in Dur oder Moll.

Die Tonlängen

Es gibt kurze,   mittellange und  lange Töne.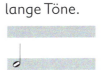

Zu den Tonlängen kann man sich unterschiedlich bewegen, z. B.:

lau - fen   ge - hen   schlei - chen

Eine Folge gleicher oder unterschiedlicher Tonlängen heißt Rhythmus.
In jedem Rhythmus spürt man den Grundschlag. Das ist der Puls in der Musik.

Es gibt betonte und unbetonte Grundschläge.

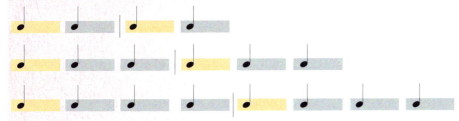

Ein Rhythmus ist aus Bausteinen gebaut, z. B.:

Zwischen den Tonlängen
gibt es manchmal auch Pausen.

Hörbeispiele

1. Erster Hörspaziergang
2. „Instrumentenlied"
   Solist/Instrumentalgruppe
3. „Guten Morgen!"
   Kinderchor/Instrumentalgruppe
4. Straßengeräusche
5. Fahrradtour
6. „Mein Teddy will tanzen"
   Solist/Kinderchor/Instrumentalgruppe
7. „Der Herbst ist da"
   Kinderchor/Instrumentalgruppe
8. Manfred Grote: „Windmusik"
9. „Kommt ein Licht so leise"
   a) Solistin/Kinderchor/Instrumentalgruppe
   b) Instrumentalgruppe
10. Märchenlieder (A)
    a) „Die Bremer Stadtmusikanten"
    b) „Dornröschen"
    c) „Rumpelstilzchen"
11. Märchenlieder
    a) „Dornröschen"
    Solistin/Instrumentalgruppe
    b) „Die Bremer Stadtmusikanten"
    Solist/Instrumentalgruppe
    c) „Rumpelstilzchen"
    Kindersolist/Kinderchor/Instrumentalgruppe
12. „Lied von den finnischen Heinzelmännchen"
    a) Solist/Kinderchor/Instrumentalgruppe
    b) Instrumentalgruppe
13. Eugène d'Albert: „Täubchen in der Asche"
    aus der „Aschenputtel-Suite"
14. „Aschenputtel"
    Solist/Instrumentalgruppe
15. Siegfried Köhler: „Tanz der Nussknacker"
16. „Der Bratapfel"
    Solist/Kinderchor/Instrumentalgruppe
17. Peter I. Tschaikowski: „Tanz der Zuckerfee"
    aus dem Ballett „Der Nussknacker"
18. „Ich hör ihn"
    a) Solistin/Kinderchor/Instrumentalgruppe
    b) Instrumentalgruppe
19. „Schnee fällt leis"
    Solistin/Instrumentalgruppe
20. Claude Debussy: „Die Schneeflocken tanzen"
21. „Ein Elefant wollt bummeln gehn"
    a) Solistin/Kinderchor/Instrumentalgruppe
    b) Instrumentalgruppe
22. Camille Saint-Saëns: „Der Elefant"
    aus „Karneval der Tiere"
23. „Jede Nacht um zweie"
    a) Kinderchor/Instrumentalgruppe
    b) Instrumentalgruppe
24. „Maskenball"
    Instrumentalgruppe
25. I. Piwowarowa: „Das Leise und das Laute"
    vorgetragenes Gedicht
26. „Wenn's dunkel wird"
    a) Solistin/Kinderchor/Instrumentalgruppe
    b) Instrumentalgruppe
27. Richard Strauss: „Eine Alpensinfonie" (A)
    a) „Nacht" und
    b) „Sonnenaufgang"
28. Gerhard Schöne: „Wochentage auf dem Markt"
29. Fernseh-Titelmelodien (A)
    a) Sesamstraße
    b) Löwenzahn
    c) Die Sendung mit der Maus
    d) Siebenstein

30. Camille Saint-Saëns „Vogelhaus"
    aus „Karneval der Tiere"
31. „Hoch, hoch im Baum"
    a) Solistin/Instrumentalgruppe
    b) Instrumentalgruppe
32. Vogelstimme: Nachtigall
33. Vogelstimmen
    a) Kuckuck
    b) Amsel
    c) Buchfink
    d) Star

34	„Lied am Teich"
	a) Solist/Kinderchor/Instrumentalgruppe
	b) Instrumentalgruppe
35	Antonio Vivaldi: „Der Frühling"
	aus „Die vier Jahreszeiten" (A)
36	Antonio Vivaldi „Der Frühling"
	aus „Die vier Jahreszeiten"
37	Acht Ausschnitte aus „Die Geschichte von
bis	Babar, dem kleinen Elefanten"
44	Francis Poulenc (Musik)/Jean Brunhoff (Text)
45	Farafina: „Sababou"
46	Afrikanische Trommel: Djembe
47	„Nanaye"
	Solistin/Kinderchor/Instrumentalgruppe
48	Regengeräusche
	a) leichter Regen
	b) Regen auf Blechdach
	c) starker Regen
	d) Regen auf Regenschirm
49	„Es regnet, es regnet"
50	B. Hering/M. Wester:
	„Glühwürmchen-Musik"
51	„Beim Sommerfest auf der Wiese"
	a) Solistin/Kinderchor/Instrumentalgruppe
	b) Instrumentalgruppe
52	Ferienerinnerungen
	a) im Wald
	b) in den Berge
	c) im Schwimmbad
53	„Die Rhône"
54	„Europa-Speisen-Rap"
	a) Solist/Kinderchor/Instrumentalgruppe
	b) Instrumentalgruppe
55	Musikgenres (A)
	a) Die Schäfer: „Ich weiß nicht, was soll es bedeuten"
	b) Robbie Williams: „She's the one"
	c) Peter Maffay: „Tabaluga"
	d) Gerhard Schöne: „Oma Emilia"
	e) Ludwig van Beethoven: „Allegro" aus „Streichquartett, Nr.1 in F-Dur, op.18"
	f) Elvis Presley: „Hound Dog"
	g) Jeanette Biedermann: „Hold the line"
56	Instrumente
	a) Keyboard
	b) Akkordeon
	c) Schlagzeug
57	„Unser Haus ist zwar klein"
	Kinderchor/Instrumentalgruppe
58	Rummelplatz-Geräusche
59	„Auf der grünen Wiese"
	Solist/Kinderchor
60	„Wenn der frische Herbstwind weht"
	Instrumentalgruppe
61	„Nebel, Nebel"
	Kinderchor/Instrumentalgruppe
62	Vangelis „Opening" (A)
63	Leonard Bernstein: „West Side Story" (A)
	a) „The rumble"
	b) „Finale"
64	„Ute hat mit Anne Streit"
	Kinderchor/Instrumentalgruppe
65	„Hänsel und Gretel"
	Solist/Instrumentalgruppe
66	Engelbert Humperdinck:
	aus „Hänsel und Gretel" (A)
	a) „Juchhei, nun ist die Hexe tot!"
	b) „Hokus, pokus, Hexenschuss!"
	c) „Hurr hopp, hopp, hopp!"
67	„Der Lebkuchenmann"
	Solist/Kinderchor/Instrumentalgruppe
68	„Drei aus dem Pfefferkuchenland"
	Instrumentalgruppe
69	Rainer Lischka: „Meißner Glockenspiel"
70	„Zumba zumba"
	Kinderchor/Instrumentalgruppe
71	Leopold Mozart: „Das vor Kälte zitternde Frauenzimmer" aus „Die musikalische Schlittenfahrt"
72	„Das Jahreszeiten-Lied"

	a) Solistin/Kinderchor/Instrumentalgruppe
	b) Instrumentalgruppe
73	„Über Nacht hat es geschneit" Kinderchor/Instrumentalgruppe
74	Emil Waldteufel: „Die Schlittschuhläufer" (A) (a – d)
75	Emil Waldteufel: „Die Schlittschuhläufer"
76	„Zaubermeister Zarobald" Sprecher/Kinderchor/Instrumentalgruppe
77	Camille Saint-Saëns: „Karneval der Tiere"
	a) Löwe
	b) Hühner und Hähne
	c) Schildkröte
	d) Känguru
78	„Nein, ich tanze nicht" Kinderchor/Instrumentalgruppe
79 bis 83	5 Stationen aus dem Hörspiel: „Der kleine Mozart und seine Reisen" W. A. Mozart (A):
80	b) Menuett für Klavier G-Dur, KV 1
81	b) Andante für kleine Orgelwalze F-Dur, KV 616
82	b) Klavierkonzert A-Dur, 1. Satz, KV 488
83	b) 4. Sinfonie D-Dur, 1. Satz, KV 19
84	„Komm, lieber Mai"
	a) Solist/Instrumentalgruppe
	b) Instrumentalgruppe
85	Camille Saint-Saëns: „Der Kuckuck in der Tiefe des Waldes" aus „Karneval der Tiere"
86	„Der neckende Kuckuck" Kinderchor/Instrumentalgruppe
87	Jukka Linkola: „Der Wald"
88	„Die Bäume" Kinderchor/Instrumentalgruppe
89	Matthias Meyer-Göllner: „Das Drachenei"
90	„Komm zu uns"
	a) Solistin/Instrumentalgruppe
	b) Instrumentalgruppe
91	Instrumente
	a) Blockflöte
	b) Kaval
92	„Der Hirte"
	a) Solistin/Instrumentalgruppe
	b) Instrumentalgruppe
93	„Die Räuber" Instrumentalgruppe
94	Björn Ilsfeld: Filmmusik zu „Ronja Räubertochter"
95	Peter I. Tschaikowski: „Gestiefelter Kater und weiße Katze" aus dem Ballett „Dornröschen"
96	„Auf dem Dache saß der Kater"
	a) Solist/Instrumentalgruppe
	b) Instrumentalgruppe
97	„Kinder, ist das eine Hitze!" Instrumentalgruppe
98	„Bitte ein Eis"
	a) Solist/Chris Barber's Jazz Band „Ice Cream" (A)/Instrumentalgruppe
	b) Instrumentalgruppe/ Chris Barber's Jazz Band „Ice Cream" (A)
99	S. Joplin: „The Entertainer"
100	„Bananenbrotsong"
101	„Ferien, Ferien" Instrumentalgruppe
102	„Hallo und guten Morgen!" Kinderchor/Instrumentalgruppe
103	„Zebrastreifen" Solist/Kinderchor/Instrumentalgruppe
104	„Halloween-Blues" Kinderchor/Instrumentalgruppe
105	„Trampelpolka"
106	„Die Regenbogenvögel" Solistin/Kinderchor/Instrumentalgruppe
107	„Button you must wander" Kinderchor/Instrumentalgruppe
108	„Un, deux, trois"
	a) zwei Solisten/Instrumentalgruppe
	b) Instrumentalgruppe
109	„O Tannenbaum"
	a) Kinderchor/Instrumentalgruppe

b) Instrumentalgruppe
110 „Alle Jahre wieder"
   a) Kinderchor/Instrumentalgruppe
   b) Instrumentalgruppe
111 Orff-Instrumente nacheinander
   a) Päuklein, Becken, Holzblocktrommel, Lotosflöte
   b) Schellenring, Triangel, Regenstab, Röhrenholztrommel
   c) Rassel, Klanghölzer, Rahmentrommel, Guiro
   d) Xylofon, Metallofon, Glockenspiel
112 Orff-Instrumente miteinander
   a) Triangel, Xylofon, Guiro
   b) Röhrenholztrommel, Glockenspiel, Becken
   c) Holzblocktrommel, Metallofon, Schellenring
113 Orff-Instrumente
   a) Kuhglocke
   b) Zimbeln
   c) Tam-Tam
   d) Glockenkranz
   e) Bassstäbe
   f) Röhrenglockenspiel
114 Höraufgabe: An welcher Stelle ertönt der Glockenkranz?

115 Klassische Instrumente nacheinander
   a) Violine, Blockflöte, Kontrabass
   b) Kontrabass, Querflöte, Gitarre
116 Klassische Instrumente miteinander
   a) R. Krug: „Kleiner Marsch", Gitarre, Blockflöte
   b) Felix Mendelssohn-Bartholdy: 1. Satz (A) aus der Sonate für Violine und Klavier
117 Soloinstrument und Orchester
   a) Ludwig van Beethoven: Violinkonzert D-Dur, 3. Satz, op. 61 (A) aus der Sonate für Violine und Orchester D-Dur, op. 61
   b) Wolfgang Amadeus Mozart: Flötenkonzert D-Dur, 3. Satz, KV 314 (A)
118 Instrumente nacheinander
   a) Akkordeon
   b) Klarinette
   c) Cembalo
   d) Schlagzeug
   e) Keyboard
119 Instrumente miteinander
120 Michael Mlynarczyk „HipHop Party"
121 Saragossa-Band „Big Bam Boo"
122 Zweiter Hörspaziergang

(A) = Ausschnitt

Liedverzeichnis

A
99	Abschiedslied
125	Afrikanisches Begrüßungslied
135	Alle Jahre wieder
25, 117	Aschenputtel
95	Auf dem Dache saß der Kater
61	Auf der grünen Wiese

B
53	Beim Sommerfest auf der Wiese
97	Bitte ein Eis
124	Button, you must wander

D
88, 114	Das Drachenei
74, 131	Das Jahreszeiten-Lied
123	Das kleine Liedchen
38	Das Leise und das Laute (G)
28, 132	Der Bratapfel
127	Der Herbst, der ist ein Malersmann
18, 128	Der Herbst ist da
91	Der Hirte
85	Der neckende Kuckuck
27	Der Nussknacker
70, 71	Der Pfefferkuchenmann (G)
106	Der Verkehr hat drei Gesichter
134	Dicke rote Kerzen
87	Die Bäume, die Bäume
92	Die Räuber
115	Die Regenbogenvögel
71, 132	Drei aus dem Pfefferkuchenland
101	Drei Schweine

E
34	Ein Elefant wollt bummeln gehn
51	Es regnet, es regnet (G)
57	Europa-Speisen-Rap

F
36	Faschingszeit
100	Ferien, Ferien

G
120	Geburtstagskind, Geburtstagskind
13	Guten Morgen!

H
102	Hallo und guten Morgen!
110	Halloween-Blues
68, 118	Hänsel und Gretel
120	Heute ist Geburtstag
126	Hinter einem Busch
42	Hoch, hoch im Baum
106	Hol dein Fahrrad aus dem Keller

I
108	Ich brauche kein Orchester
109	Ich ging wohl über Meer und Land
31	Ich hör ihn
121	Ich mag dich so
10	Instrumentenlied

J
35	Jede Nacht um zwei
123	Jemand ist traurig
126	Jetzt fängt das schöne Frühjahr an

K
96	Kinder, ist das eine Hitze
83, 130	Komm, lieber Mai
90	Komm zu uns
20, 111	Kommt ein Licht so leise

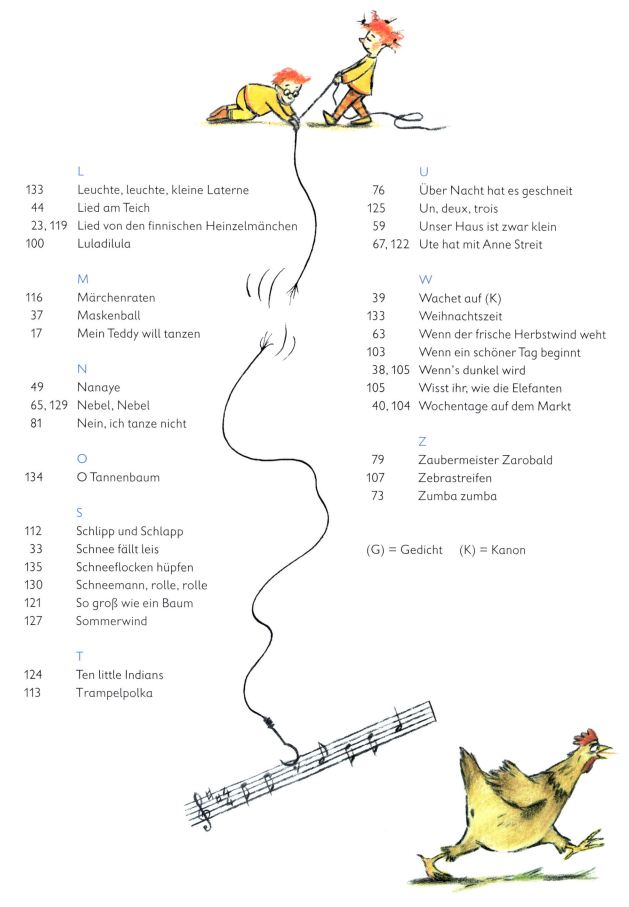

L
133	Leuchte, leuchte, kleine Laterne
44	Lied am Teich
23, 119	Lied von den finnischen Heinzelmännern
100	Luladilula

M
116	Märchenraten
37	Maskenball
17	Mein Teddy will tanzen

N
49	Nanaye
65, 129	Nebel, Nebel
81	Nein, ich tanze nicht

O
134	O Tannenbaum

S
112	Schlipp und Schlapp
33	Schnee fällt leis
135	Schneeflocken hüpfen
130	Schneemann, rolle, rolle
121	So groß wie ein Baum
127	Sommerwind

T
124	Ten little Indians
113	Trampelpolka

U
76	Über Nacht hat es geschneit
125	Un, deux, trois
59	Unser Haus ist zwar klein
67, 122	Ute hat mit Anne Streit

W
39	Wachet auf (K)
133	Weihnachtszeit
63	Wenn der frische Herbstwind weht
103	Wenn ein schöner Tag beginnt
38, 105	Wenn's dunkel wird
105	Wisst ihr, wie die Elefanten
40, 104	Wochentage auf dem Markt

Z
79	Zaubermeister Zarobald
107	Zebrastreifen
73	Zumba zumba

(G) = Gedicht   (K) = Kanon

Copyright

10:	© Autorin
17:	© Schott Musik International, Mainz
18:	© Fidula Verlag, Boppard/Rhein und Salzburg
23:	© Fidula Verlag, Boppard/Rhein und Salzburg (Melodie)
25:	© Autoren
27:	© Beltz Verlag, Weinheim und Basel, Programm Beltz & Gelberg
28:	© Annette Betz Verlag im Verlag Carl Ueberreuter, Wien (Worte), Daimonion Verlag, Wiesbaden (Musik)
33:	© Fidula Verlag, Boppard/Rhein und Salzburg (Deutscher Text)
34:	© Fidula Verlag, Boppard/Rhein und Salzburg (Deutscher Text)
35:	© für diese vertonte Fassung: Katharina Kemming
36:	© Autor
37:	© Autoren
38o.:	© Autorin (Gedicht)
38u.:	© Autorin
39o.:	© Autorin (Gedicht)
40:	© Autor (Worte)
42:	© nach einer Idee von Sonja Hoffmann (In: Grundschulunterricht. Pädagogischer Zeitschriftenverlag Berlin, Heft 4/2002)
42:	© Autorenverlag Worpsweder Musikwerkstatt (Deutscher Text)
44:	© Autorenverlag Worpsweder Musikwerkstatt
46, 47:	© nach einer Idee aus der Reihe „musikpraxis extra"; Fidula Verlag, Boppard/Rhein und Salzburg
49:	© Domino Verlag Günther Brinek GmbH, München (Satz/Melodiebearbeitung)
51:	© Autorin (Text, geschrieben zum israelischen Tanz „Tzadik katammar")
53:	© Menschenkinder Verlag, Münster
59:	© Autorin
63:	© Autoren
65:	© Menschenkinder Verlag, Münster
67:	© Domino Verlag, Günther Brinek GmbH, München
68:	© by Lied der Zeit GmbH, Musikverlag Hamburg
70u.:	© Kinderbuchverlag, Berlin 1956/ vwv Berlin 1989
71:	© Autorenverlag Worpsweder Musikwerkstatt
71u.:	© Kinderbuchverlag, Berlin 1956/ vwv Berlin 1989
73:	© Fidula Verlag, Boppard/Rhein und Salzburg
74:	© Musikverlag zum Pelikan, Zürich Hug & Co., Musikverlage Zürich
76:	© Verlag Neue Musik, Berlin
79:	© Autoren
81:	© Patmos Verlag, Düsseldorf
87:	© Fidula Verlag, Boppard/Rhein und Salzburg
88:	© Autor
90:	© Helbing Verlag, Innsbruck
91:	© Helbing Verlag, Innsbruck
92:	© Autorin/Autor
95:	© Autorin
96:	© Cornelsen Verlag GmbH, Berlin
99:	© Fidula Verlag, Boppard/Rhein und Salzburg
100o.:	© Fidula Verlag, Boppard/Rhein und Salzburg
101:	© Edition Eres, Lilienthal/Bremen
102:	© Aktive Musik Verlagsgesellschaft GmbH, Dortmund
103:	© Moon-Records Verlag, Düsseldorf
104:	© Autor (Worte)
105o.:	© Autorin
105u.:	© Edition Eres, Lilienthal/Bremen
106o.:	© Musikverlag Friedrich Hofmeister, Leipzig

106u.:	© Bildungshaus Schroedel/Diesterweg, Bildungsmedien GmbH Co. KG
107:	© Musik für dich/Rolf Zukowski OHG, Hamburg
109:	© Autorenverlag Worpsweder Musikwerkstatt
110:	© Autor
112:	© Fidula Verlag, Boppard/Rhein und Salzburg
113:	© Fidula Verlag, Boppard/Rhein und Salzburg
114:	© Autor
115:	© Don Bosco Verlag, München
116:	© Autorin
117:	© Autoren
118:	© by Lied der Zeit, Musikverlag GmbH, Hamburg
119:	© Fidula Verlag, Boppard/Rhein und Salzburg (Melodie)
120:	© Musikverlag Friedrich Hofmeister, Leipzig
121o.:	© Kontakte Musikverlag, Ute Horn, Lippstadt
121u.:	© Verlag Ernst Kaufmann GmbH, Lahr
122:	© Domino Verlag, Günther Brinek GmbH, München
123o.:	© Ökotopia Verlag, Münster
123u.:	© Fidula Verlag, Boppard/Rhein und Salzburg
126u.:	© Edition Eres, Lilienthal/Bremen
127o.:	© Fidula Verlag, Boppard/Rhein und Salzburg
127u.:	© by Lied der Zeit, Musikverlag GmbH, Hamburg
128:	© Fidula Verlag, Boppard/Rhein und Salzburg
129:	© Menschenkinder Verlag GmbH, Münster
131:	© Musikverlag zum Pelikan, Zürich Hug & Co., Musikverlage Zürich
132o.:	© Annette Betz Verlag im Verlag Carl Ueberreuter, Wien (Worte), Daimonion Verlag, Wiesbaden (Musik)
132u.:	© Autorenverlag Worpsweder Musikwerkstatt
133o.:	© Autor
133u.:	© Schott Musik International
134u.:	© Menschenkinder Verlag, Münster
135o.:	© Moon-Records Verlag, Düsseldorf

Bildnachweis

S. 41 CINETEXT, Frankfurt am Main
S. 45 und 95 Kinderzeichnungen von Kindern der Grundschule Werda
S. 46/47 aus: „Die Geschichte von Babar, dem kleinen Elefanten",
1939 erschienen bei Librairie Hachette, Paris
S. 48 o. Superbild Berlin
S. 48 u. www.african.de, Lustenau (A)
S. 50 o. l. Superbild/ALS
S. 50 o. r. Klaus Dombrowsky, Berlin
S. 50 u. l. Superbild/ALS
S. 50 u. r. Superbild/ALS
S. 68/67 Stiftung Stadtmuseum Berlin/Bereich Theatermuseum
S. 70 dpa/Bernd Wüsteneck
S. 85 Wildlife, Hamburg
S. 86 Karl Müller Verlag, Erlangen
S. 88 Matthias Meyer-Göllner, Kiel
S. 90 Helbling Verlag, Innsbruck
S. 91 Manfred Stender, Berlin/Sofia
S. 98 Cinetext, Frankfurt am Main

Illustrationen

Jacky Gleich:
Seite: vorderer Vorsatz (S. 4) und hinterer Vorsatz (S. 1), 1 – 9, 12, 16 – 22, 25 – 26, 30, 31, 34 – 44, 48, 51 – 53, 102 – 135, Musikus und Musika (Ausnahme: S. 15, 32, 69)

Elisabeth Holzhausen:
Seite: 10 – 15, 22, 23, 26, 28, 29, 32, 33, 54, 56, 58, 60, 62 – 64, 67 – 70, 72 – 83, 85 – 87, 89, 94 – 96, 98 – 101, vorderer Vorsatz (S. 2, 3; Erster Hörspaziergang) und hinterer Vorsatz (S. 2, 3; Zweiter Hörspaziergang)

Karl-Heinz Wieland:
Seite: 10, 11, 27, 28, 45, 49, 60, 62, 72, 78, 84, 85, 91, 93, 146 – 149

Christine Kleicke:
Seite: 71, 93, 140 – 145

Uta Bettzieche
Seite: 82, 83

Zum Lehrwerksteil „Der neue Musikus 1/2" gehören:
Lehrbuch (Best.-Nr. 150211)
Lehrerband (Best.-Nr. 152033)

4 CDs
Best.-Nr. für CD 1: 809283,
Best.-Nr. für CD 2: 809291,
Best.-Nr. für CD 3: 152242,
Best.-Nr. für CD 4: 152249
CD-Paket 1 – 4 (Best.-Nr. 152291)

Poster Hörspaziergang Land/Stadt (Best.-Nr. 150120)

Bei der Gestaltung der Fotoszenen wirkten mit:
Schülerinnen und Schüler der Grundschule „Johann Peter Hebel" in Berlin-Wilmersdorf,
der Grundschule „Friedrich de la Motte Fouqué" in Nennhausen,
der Grundschule Werda, Vogtland in Sachsen, und der
Musikschule „Leo Spies", Prenzlauer Berg, Bezirksamt Pankow, Berlin.
Fotos (soweit nicht anders ausgewiesen): Klaus Dombrowsky, Berlin

In einigen Fällen waren die Rechteinhaber nicht zu ermitteln. Der Verlag ist hier bereit,
rechtmäßige Ansprüche abzugelten.

Redaktion Wilfried Behrendt, Carsten van den Berg, Beate Holweger
Redaktionelle Mitarbeit Birgit Winkler, Anja Kuschnier
Künstlerische Leitung Frank Schneider
Layout, Einband- und Vorsatzgestaltung Karl-Heinz Wieland
Einband und Illustrationen Jacky Gleich, Elisabeth Holzhausen, Christine Kleicke
Schattenrisse Karl-Heinz Wieland
Bildrecherche Peter Hartmann
Herstellung Johannes Rüdinger
Notensatz Andrea Näther
Reproduktion tiff.any GmbH, Berlin

 http://www.vwv.de

1. Auflage   Druck 4 3 2 1   Jahr 07 06 05 04

© 2004 Cornelsen Verlag, Berlin

Das Werk und seine Teile sind urheberrechtlich geschützt.
Jede Nutzung in anderen als den gesetzlich zugelassenen
Fällen bedarf der vorherigen schriftlichen Einwilligung des Verlages.
Hinweis zu § 52a UrhG:
Weder das Werk noch seine Teile dürfen ohne eine solche
Einwilligung eingescannt und in ein Netzwerk eingestellt werden.
Dies gilt auch für Intranets von Schulen und sonstigen Bildungseinrichtungen.

Druck: CS-Druck CornelsenStürtz, Berlin

ISBN 3-06-150211-4

Bestellnummer 150211

 Inhalt gedruckt auf säurefreiem Papier,
umweltschonend hergestellt aus chlorfrei gebleichten Faserstoffen.

Zweiter Hörspaziergang 122